Johanna   Spyri

Wo Gritlis Kinder hingekommen sind

Geschichten für Kinder und auch für solche, welche die Kinder lieb haben, 8. Band

Johanna   Spyri

Wo Gritlis Kinder hingekommen sind
Geschichten für Kinder und auch für solche, welche die Kinder lieb haben, 8. Band

ISBN/EAN: 9783337352905

Hergestellt in Europa, USA, Kanada, Australien, Japan

Cover: Foto ©Andreas Hilbeck / pixelio.de

Weitere Bücher finden Sie auf **www.hansebooks.com**

Wo
Gritlis Kinder
hingekommen sind.

Eine Geschichte für Kinder

und

auch für solche, welche die Kinder lieb haben.

Von

Johanna Spyri.

Neunte Auflage.

Mit vier Bildern.

Gotha.

Friedrich Andreas Perthes A.-G.

———

Inhalt.

Wo Gritlis Kinder hingekommen sind.

Erstes Kapitel.

Ein Landhaus am Rhein.

Die Junisonne leuchtete auf das schöne steinerne Haus nieder, an dem die eben aufgeblühten roten Rosen sich in Fülle emporrankten und ringsum einen süßen, würzigen Duft verbreiteten, dem von Zeit zu Zeit der frische Morgenwind noch andere würzige Düfte beimischte, die er von dem reich besetzten Blumengarten am Hause emportrug und durch die offenen Fenster ins Haus hineinwehte. Mitten im großen Blumengarten lag ein weites Wasserbecken, von dem ein hoher Strahl zum blauen Himmel aufstieg und wieder in den schimmernden Teich zurückfiel. Buntfarbige Schmetterlinge flogen in Menge in der blauen Luft herum und setzten sich da und dort auf die duftenden Blumen, und auf allen Zweigen der dicht belaubten Bäume, die ringsumher im Garten ihren Schatten über alte steinerne Bildsäulen mit Wasserschalen auf den Armen oder über verborgene Ruheplätzchen breiteten, sangen und zwitscherten die Vögel und wiegten sich lustig hin und her in der luftigen Höhe.

An einem der hohen Fenster des Hauses saß ein bleiches Mädchen und schaute hinaus in den leuchtenden Morgen, aber es konnte all das Blühen und Duften des herrlichen Gartens nicht eintrinken, denn das Fenster war geschlossen. Mit verlangenden Blicken schaute das Kind durch die großen Scheiben hinaus auf die leuchtenden Blumen und weiterhin auf die schimmernden Wellen des dahinziehenden Rheines, der am Ende des Gartens, wo die Terrasse niederstieg, in seinen grünen Wellen die tief herunterhängenden Zweige der alten Lindenbäume badete und dann vorüberrauschte. Man konnte vom Fenster aus die reich belaubten hohen Bäume unten am Wasser noch erblicken, aber man konnte nicht mehr sehen, wie dort im kühlen Schatten eine steinerne Bank stand, von der man gerade in die grünen Wellen hinuntersah, und über welche sich als schützendes Laubdach die dichten, alten Äste breiteten, die nachher bis hineinhingen in das schimmernde Wasser und wohlig eine Weile mit den Wellen dahinschwammen. Es war ein wonniges Plätzchen und lieblich in sonnigen Nachmittagen dort zu sitzen und träumend den vorübereilenden Wellen zuzuschauen. Das bleiche Mädchen mußte es wohl kennen, denn seine Augen blieben auf jener Stelle haften und nahmen einen immer verlangenderen Ausdruck an.

»O, Mama«, sagte es jetzt mit bittender Stimme, »kann ich bald in den Garten hinuntergehen? Kann ich heute bis zur Bank am Rhein und unter die Lindenbäume gehen?«

Schon seit einer Stunde, da die Mutter ihr krankes Kind in das Zimmer hereingeführt und zu seinem Lieblingsplatz am Fenster gebracht hatte, waren ihre ängstlichen Blicke kaum von dem farblosen Gesichtchen gewichen, aus dem die zwei großen Augen so verlangend in den sonnigen Garten hinausblickten.

»Liebes Kind«, sagte sie jetzt mit angstvoller Zärtlichkeit, »du weißt, du wirst am Morgen so müde; wir wollen warten bis Nachmittag, dann können wir vielleicht bis zum Rhein hinuntergehen. Nicht wahr, mein Kind, so ist dir's auch recht?«

»Ach ja«, seufzte das Mädchen und schaute wieder schweigend auf die sonnenbeschienenen Blumen und die leise wiegenden Baumwipfel hinaus.

»O, es ist so schön draußen, können wir nicht jetzt schon gehen, Mama?« bat das Kind nach einer Weile wieder, und so verlangend folgten seine Augen den fortziehenden schimmernden Wellen drüben, daß die Mutter nicht widerstehen konnte. Sie stand auf. In dem Augenblick trat eine ältere Frau ins Zimmer, die so pünktlich und geordnet aussah, daß man hätte denken können, sie habe weiter nichts zu tun, als die schönen grauen Haare mit dem schneeweißen Häubchen darauf und den einfachen, tadellosen Anzug in Ordnung zu bringen; sie hatte aber das ganze Haus mit allen verschiedenen Gliedern der Dienerschaft zu lenken und zu regieren. Kaum war sie eingetreten, als Mutter und Tochter ihr zugleich entgegenriefen: »O, Klarissa, es ist gut, daß du kommst!« Und beide brachten nun ihre Angelegenheit vor, die Mutter ängstlich fragend, ob sie meine, ein Gang durch den Garten dürfte schon gewagt werden, das Töchterchen dringend bittend, sie möchte doch ja sagen dazu. Die alte Klarissa war eine Persönlichkeit, bei der jeder im ganzen Hause, von der Herrin bis hinunter zum jungen Laufburschen, Rat und Hilfe suchte in jeglicher Not und Verlegenheit. Wer auch nur einmal in die freundlichen, guten Augen der alten Klarissa schaute, der mußte gleich ein Vertrauen zu ihr fassen, denn jedes Menschenkind schaute sie liebevoll, wie mit den Augen einer Mutter an. »Klarissa, sag, daß wir hinausgehen können«, bat das kranke Kind noch einmal inständig.

»Liebe Frau Stanhope, wollen wir es nicht versuchen?« sagte nun Klarissa, zu der Mutter gewandt. »Die Luft ist lieblich und alle Vögel singen, als wollten sie uns hinausrufen.«

»Nun, wenn du denn meinst, Klarissa, so wollen wir es tun«, stimmte die Mutter bei, und nun wurde der Friedrich herbeigeholt, der langjährige Bediente; der hatte das kranke

Töchterchen die Treppe hinunterzutragen, damit es nicht schon ganz ermüdet im Garten ankomme, denn seine Kräfte waren so bald erschöpft. Unten angekommen, nahmen die beiden Frauen das Kind in ihre Mitte und führten es durch den sonnigen Garten. Auf allen Zweigen zwitscherten lustige Vögelein, die Rosen dufteten und ganze Scharen von bunten Schmetterlingen flatterten fröhlich in der lauen Luft umher.

»Nora, fühlst du dich wohl hier?« fragte die besorgte Mutter.

»O ja, es ist so schön«, entgegnete das Kind, »aber ich möchte so gern zu der steinernen Bank hinunter und in die Wellen schauen, wo die Zweige hineintauchen.«

Der Weg wurde fortgesetzt, die grünen Rasenterrassen hinab bis unter die alten Lindenbäume, wo die steinerne Bank stand, fast verborgen von den tief herunterhängenden Ästen, deren blätterreiche Enden leise auf dem schimmernden Wasser sich wiegten. Die Lindenbäume standen in der Blüte und erfüllten ringsum die Luft mit süßem Duft. Nora saß nun auf der Bank und schaute still den Zweigen im Wasser und den forteilenden Wellen zu.

»O, wenn ich auch so fortziehen könnte, Mama; aber ich bin immer müde. Ich möchte auch so flink umherhüpfen und so fröhlich singen, wie die Vögel da oben in den Linden! O, es ist so schön da, aber ich bin immer müde.«

»Liebes Kind, du wirst ja kräftiger werden«, tröstete die Mutter; aber sie sah so aus dabei, als habe sie selbst am nötigsten, daß ihr der Trost werde, den sie zu geben versuchte. »Heute kommt auch der Arzt, und wir fragen ihn, was wir den Sommer zu deiner Stärkung tun sollen. Jetzt müssen wir wohl wieder ins Haus zurückkehren; du bist so bleich geworden, Nora, was ist dir?«

Nora versicherte, daß sie nur müde sei. Es war auch immer so: nach jeder größeren Anstrengung kam auf ihr bleiches Gesichtchen eine noch größere Blässe. Sie erreichte auch nur mit Mühe das Haus wieder, und nachdem sie von Friedrich die Treppen hinaufgetragen worden war, wurde sie auf das Sofa gelegt, wo sie eine Zeitlang ganz still und ohne Regung lag, um von der Anstrengung auszuruhen.

Gegen Mittag kam der erwartete Arzt. Auf der Mutter eingehenden Bericht über die überhandnehmende Kraftlosigkeit ihres Töchterchens erklärte er, es müsse eine Luftveränderung stattfinden, und zwar die Versetzung in eine stärkende Bergluft für den ganzen Sommer. Nach einigem Nachsinnen fügte der Doktor bei, er werde sich gleich schriftlich an einen Studienfreund wenden, der in der Schweiz lebe, und ihn um Rat fragen, denn zu hoch hinauf dürfe die junge Kranke auch nicht gebracht werden. Sobald er Antwort von seinem Freunde erhalten hätte, würde er wiederkommen, um Frau Stanhope davon Mitteilung zu machen. Damit verabschiedete sich der Arzt.

Gegen Abend saß Nora wieder in ihrem Lehnstuhl am Fenster und schaute still mit müden Blicken hinaus, wo die Abendsonne goldene Streifen über den grünen Rasen warf und die Rosenblätter durchleuchtete, die hier und da von den Strahlen getroffen wurden. Die alte Klarissa saß am Arbeitstischchen der Nora vorüber, und ihre treuen Augen erhoben sich von Zeit zu Zeit von der Arbeit und folgten den Blicken des kranken Kindes.

»Klarissa«, sagte Nora jetzt, »sag mir einmal wieder das alte Lied vom Paradies.«

Klarissa legte ihre Arbeit weg. »Einmal wollen wir es wieder zusammen singen, Kind, wenn du etwas kräftiger bist; jetzt will ich dir's sagen«, und sie legte ihre Hände ineinander und begann:

11

»Es fließt ein Strom kristallenklar
Durch immer grüne Auen,
Da glänzt der Lilien weiße Schar
Im Duft, dem himmelblauen.

Und Rosen duften, Rosen glühn
Auf sonnengoldner Wiese,
Und Vögel jauchzen laut im Grün:
Wir sind im Paradiese!

Und immer milde Lüfte wehn
Auf all den Blumenwegen,
Und Menschen wie im Traume gehn
Und kommen sich entgegen.

Und grüßen sich allüberall
In Staunen und in Wonne.
Sie kommen aus dem dunkeln Tal
Ins Land der ew'gen Sonne.

Und ziehen selig hin und her
Und wissen nichts von Leide,
Die kennen keine Tränen mehr,
Die kennen lauter Freude.«

Als Klarissa geendet hatte, war eine Zeitlang alles still; Nora schien in Gedanken vertieft zu sein.

»Klarissa«, sagte sie nach einer Weile, »das ist so schön, und macht mir so große Lust, zu gehen.«

»Geh nur gern, du liebes Kind, ja geh nur gern«, sagte Klarissa mit Tränen der Freude in den Augen, »dann wandelst auch du fröhlich unter den leuchtenden Blumen hin und singst:

›Wir kennen keine Tränen mehr,
Wir kennen lauter Freude.‹

Und wir kommen dir bald nach, erst ich, und dann die Mama.«

In diesem Augenblick trat die Mutter herein. Klarissa

stockte, sie wußte ja wohl, Frau Stanhope konnte den Gedanken nicht ertragen, daß Nora sie verlassen und in den Himmel gehen könnte. Aber die Mutter hatte die letzten Worte der Klarissa wohl verstanden und schaute mit erneuter Sorge auf ihr Kind, das sie auch so blaß und müde aussehend fand, daß sie gleich darauf drang, es sollte zur Ruhe gebracht werden, was dann auch ausgeführt wurde.

Als am späten Abend die Mutter mit der alten Freundin allein noch im Zimmer saß, begann sie ängstlich zu fragen, was denn Klarissa dazu gebracht habe, mit Nora solche Gespräche zu führen; das Kind sei doch nicht so krank, daß man an das Allertraurigste denken müßte, und warum denn davon reden.

»Nora wollte gern mein altes Lied hören«, entgegnete Klarissa, »und, liebe Frau Stanhope, lassen Sie mich nur eins sagen: Wenn unser liebes Kind so einsam und kraftlos fortleben sollte, was hätte es doch an diesem Leben? Nicht das geringste von allen reichen Gütern, die es umgeben, wird ihm zur Freude, ja nicht einmal einen kurzen Gang durch den schönen Garten kann es genießen, alles wird ihm vergällt und verwandelt sich dem armen Kinde in Schmerz und Leid. Sollten wir ihm nicht die Heimkehr gönnen in ein schönes Land, wo kein Leid und keine Schmerzen mehr sind?«

»Ich kann es nicht hören, Klarissa, ich kann es nicht ertragen, daran zu denken, es kann nicht sein. Kann denn nicht alles noch ganz anders werden und unsere Nora neue Kräfte bekommen?« jammerte die Mutter, und so schmerzlich wurde sie von diesen Gedanken aufgeregt, daß sie nicht weitersprechen konnte. Sie zog sich zurück, und mit schwerem Herzen ging auch die treue Klarissa nach ihrem Gemache. Bald stand das schöne steinerne Haus in dem herrlichen Garten still und lichtlos da; aber von oben leuchtete der Mond darüber, und wer so die hohen, weißen Säulen durch die dunkeln Bäume schimmern sah, der dachte: »Dort drinnen muß es herrlich sein«; denn den Kummer, der drinnen wohnte, konnte keiner sehen.

Frau Stanhope bewohnte ihr väterliches Haus am Rhein. Sie hatte sich sehr jung nach England verheiratet und dort nach wenigen Jahren ihren Mann verloren. So war sie mit ihren zwei kleinen Kindern, dem lieblichen, braunäugigen Philo und der zarten, blondlockigen Nora, in ihr väterliches Haus zurückgekehrt, das einsam und verlassen dastand, denn ihre Eltern waren unterdessen beide gestorben, und Geschwister hatte sie keine. Überallhin hatte die treue Klarissa, die Pflegerin ihrer Kindheit, sie begleitet, und wie eine Mutter hatte sie ihr im fremden Land über alles Neue und Ungewohnte hinweggeholfen und stand ihr nun wieder im vereinsamten Vaterhaus als sorgende Mutter und Pflegerin ihrer Kinder zur Seite. Mehrere Jahre waren so für die friedliche Familie in dem schönen Landhause in Freuden und Sorgen dahingegangen, denn die zarten Kinder ließen keine ungestörte Fröhlichkeit aufkommen. Nun waren es bald zwei Jahre, als auf das Haus ein tiefer Schatten gefallen war: der liebliche Philo hatte seine fröhlichen braunen Augen für immer geschlossen und lag nun unter den weißen Rosen begraben unten im Garten bei den alten Lindenbäumen. Philo, der Bruder, war der Ältere gewesen, doch nur um ein Jahr der Nora voran, die jetzt in ihrem elften Jahre stand. –

Etwas mehr als eine Woche mochte seit dem sonnigen Tage vergangen sein, als der Arzt wieder erschien. Er hatte die gewünschte Auskunft gefunden. Sein Freund selbst bewohnte eine waldumkränzte, gesunde Berggegend. Er wollte den geeigneten Ort ausfindig machen, wo Frau Stanhope mit ihrem Töchterchen in seiner Nähe den Sommer zubringen konnte. Er war sicher, das Gewünschte zu finden; Frau Stanhope konnte nach Belieben ihre Reise antreten und bei ihm erscheinen, es mußte alles zu ihrem Empfang sich vorbereitet finden.

Gleich in den folgenden Tagen wurden alle Vorbereitungen zur Reise getroffen. Klarissa sollte dableiben und das Haus verwalten; nur das junge Zimmermädchen sollte mit auf die Reise genommen werden, und schon acht Tage nachher saß Frau Stanhope mit ihrem Töchterchen im Wagen, um die Reise nach der Schweiz anzutreten, begleitet von den tausend Glück- und Segenswünschen, welche die sorgliche Klarissa immer und immer noch einmal in den Wagen hineinbot. Jetzt rollte dieser die weiße Straße entlang und Klarissa trocknete sich die Tränen weg, die sie im letzten Augenblick nicht mehr zurückzuhalten vermocht hatte. Mit gefalteten Händen trat sie in das stille Haus zurück, und leise sagte sie vor sich hin:

»Die kennen keine Tränen mehr,
Die kennen lauter Freude.«

Zweites Kapitel.

Im Hause des Arztes.

Die Abendsonne schien lieblich auf die hellgrünen Blättchen der jungen Gemüse, welche in den zwei großen Beeten, die an den Blumengarten grenzten, emporkeimten und eine besondere Freude der Hausfrau waren. Wenn sie auch mit größerer Wonne zwischen all den duftenden Blumen des Gartens hin und her ging, so schaute sie doch immer zum Schluß mit einer besonderen Teilnahme nach den grünen Kräutchen, die sie alle selbst gesät und vom ersten zarten Keime an bewahrt und gepflegt hatte. Der Blumenkohl schien in diesem Jahr besonders wohl geraten zu wollen, denn mit großem Wohlgefallen schaute die Besitzerin auf ihre junge Pflanzung hin, die weithin frisch und unberührt dastand; nirgends waren die verderblichen Spuren gefräßiger Raupen zu sehen.

»Guten Abend, Frau Doktorin«, tönte es jetzt vom Wege herüber, der durch eine Hecke von den Beeten getrennt war. »Sie haben doch immer das schönste Gemüse; man sieht wohl, daß dazu gesehen wird.«

Die Frau Doktorin war an die Hecke hingetreten, und über diese herein streckte jetzt der Taglöhner Heiri seine schwielige Hand, denn er war ein alter Bekannter und wußte wohl, daß er das Recht zu einem guten Händedruck hatte. Er war ja schon mit der Frau Doktorin zur Schule gegangen, und wie oft war er seitdem bei ihr eingekehrt, um Trost und Rat von ihr zu empfangen!

Sie erwiderte freundlich seinen Gruß und fragte dann

teilnehmend: »Und wie geht's denn, Heiri; immer viel Arbeit? Ist alles wohl zu Hause, Frau und Kinder?«

»Ja, ja, gottlob!« entgegnete Heiri, indem er die schweren Werkzeuge, die er auf der Schulter trug, auf den Boden legte; »Arbeit gibt's immer, ich muß mit dem Zeug noch in die Schmiede. Aber es braucht auch Arbeit, die Haushaltung wächst an.«

»Eure drei kleinen Buben sehen gut aus, ich habe sie gestern wieder gesehen mit dem Elsli«, fuhr mit freundlicher Teilnahme die Frau Doktorin fort. »Aber das Kind, das Elsli, ist gar so bleich und schmächtig. Ihr vergeßt doch nicht, woran seine Mutter gestorben ist, Heiri? Man darf das Kind gewiß nicht überanstrengen, es ist zu zart und jetzt im strengsten Wachsen. Ihr müßt beizeiten dazu sehen, Heiri, Ihr habt's erfahren, wie bald es mit einem jungen Leben aus sein kann.«

»Ja, ja, das hab' ich, und das vergess' ich auch nicht, wie's war! Ich konnte es nicht sehen, wie sie das Gritli in den Boden hineintaten, so jung noch, so jung! Die Marget ist eine währschafte Frau und brav, aber das Gritli kann ich doch nicht vergessen.« Heiri wischte mit seiner Hand ein paar Tränen weg.

Der mitfühlenden Frau kamen auch die Tränen in die Augen. »Ich vergesse es auch nicht, Heiri; wie gern wäre das arme Gritli noch bei Euch und seinen zwei kleinen Kindern geblieben. Es ging auch so unerwartet schnell mit ihm. Freilich sah es ja immer dünn und schmächtig aus, und ich kann sein Kind, das kleine, gute Elsli, nie sehen, ohne daß es mir Sorge macht, ob es auch nicht zu sehr angestrengt wird; es kann nicht viel aushalten, das ist wohl zu sehen.«

»Ja, es ist schon ein Schmales und Mageres«, stimmte

Heiri bei, »aber sonst schlägt es mehr mir nach, es ist so nicht gerade das Hurtigste und so eher überdacht. Der Bub' ist sonst mehr wie das Gritli selig und hat immer so etwas im Kopf und sitzt nicht gern still, und dann kann er's nicht leiden, wenn die kleinen Buben nicht gerade besonders sauber sind, und sagt etwa, man müsse sie alle drei unter die Brunnenröhre stellen, denn darin ist er punktum wie das Gritli selig; er kann nicht sehen, was wüst ist und unsauber. Aber dann fangen die Buben an zu rufen und zu schreien, bis die Mutter kommt, und dann gibt's noch mehr Spektakel, und so komm' ich fast nie heim am Abend, daß mir die Marget nicht sagt, ich müsse dem großen Buben Ohrfeigen geben, weil er die Kleinen immer plage und mache, daß sie von der Arbeit weg müsse. Aber wenn der Bub' dann so vor mir steht und mich akkurat mit seinen Augen ansieht, wie das Gritli tat, so kann ich ihm keine Ohrfeige geben; das macht dann die Marget bös und es gibt scharfe Worte, und mir ist es auch nicht recht, weil sie sonst eine brave und schaffige Frau ist. Ich habe schon manchmal gedacht, wenn Sie ihr etwa über die Ohrfeigen ein Wort sagen wollten, Frau Doktorin, so wäre ich froh; sie würde eher auf Ihre Worte hören, und Sie haben ja auch Buben aufzuziehen und wissen, was man mit ihnen etwa machen muß. Sie würden ihr gewiß einmal ein Wörtlein sagen, wenn sie etwa vorbeikommt, nicht wahr, Frau Doktorin?«

»Ja, das will ich schon gern tun; und wie ist es denn mit den Elsli, kann es die Mutter gut mit ihm?«

»Ja, sehen Sie, das ist so«, und der Heiri kam, um sich recht verständlich zu machen, noch ein wenig näher an die Hecke heran; »das Kind ist mehr so wie ich und gibt nach und hat nicht so seine eigenen Sachen im Kopf, wie das Gritli sie hatte, und so seinen Eigenwillen. Es tut akkurat, was die Marget will, und hat kein Widerwörtlein den ganzen Tag und klagt nie, und wenn es auch von dem an,

19

daß es aus der Schule kommt, bis es ins Bett muß, immer zu helfen hat und die Buben hüten und das Kleine herumtragen muß.«

»Nur auch nicht zu viel, Heiri«, mahnte bekümmert die Frau Doktorin; »es ist mir eine rechte Sorge mit dem Kinde. Schickt mir die Marget bald einmal vorbei, ich möchte auch darüber ein Wort mit ihr reden; sagt ihr, ich habe ihr für die Kinder etwas abzugeben, entwachsene Röckchen von den meinigen.«

»Das will ich gern tun, und nun will ich, denk' ich, wieder weiter. So schlafen Sie wohl, Frau Doktorin, und nichts für ungut und wünsche nur, daß alles gut weiter gedeihe im Gemüsegarten.«

»Danke! Gute Nacht, Heiri!« Noch einmal wurde über die Hecke hin ein Händedruck gewechselt, dann zog Heiri seine Straße weiter.

Die Frau Doktorin blieb sinnend zwischen den Gemüsebeeten stehen; aber ihre Gedanken waren nicht mehr mit den grünen Kräutlein beschäftigt, auf die ihre Augen niederschauten. Heiris Erscheinung und Gespräch hatte frühere Tage in ihrer Seele wachgerufen. Sie sah ein fröhliches Kindergesicht mit großen braunen Augen neben sich und schaute eben mit Verwunderung zu, wie zwei gewandte Hände ein Vergißmeinnicht vorn ins Röckchen und nun noch eins ins Haar steckten, und wie gut das aussah. Das Kind war das Gritli, das neben ihr am Bache saß, wo sie beide eben die blauen Blumen in Fülle gepflückt hatten und sie nun zu Sträußen banden. Das Gritli war armer Leute Kind, aber immer sah es gut und außerordentlich sauber und glatt gekämmt aus, und immer hatte es da und dort ein Blümchen oder ein Schleifchen aufgesteckt, und immer sah es aus, als sei es zu einem kleinen Fest geschmückt, wenn es noch so einfache Kleider

20

auf sich trug. Viele schalten das Gritli darum und andere verlachten es; das änderte aber nichts: es war ein tiefes Bedürfnis in dem Gritli, etwas Schönes an sich zu haben, und was auch die Leute sagten, unausgesetzt ging das Gritli mit einem Blümchen oder Bändchen geschmückt einher und sah aus, als komme es eben vom Maler, der es zurechtgeputzt, um ein Bildchen aus ihm zu machen. Mit achtzehn Jahren heiratete es den gutmütigen Heiri, der das Gritli schon immer gern gehabt und ihm oftmals gesagt hatte, er wolle schon für beide arbeiten, wenn es nur seine Frau werden wolle. Schon nach fünf Jahren welkte das zartgebaute Gritli an der Schwindsucht dahin. Seine beiden Kinder, der vierjährige Stephan und das dreijährige Elsli, waren von der jungen Mutter vom ersten Augenblick an so schmuck und sauber gehalten worden, daß es den Kindern tief eingeprägt blieb. Der Heiri mußte aber für seine zwei kleinen Kinder wieder eine Mutter haben, und die Leute sagten ihm, er müsse die Marget zur Frau nehmen, denn sie werde ihm gut helfen in aller Arbeit. So wurde die Marget seine Frau und war tüchtig und fest in jeder Arbeit; aber auf Schmuck und Blumen hielt sie nichts und eine besondere Sauberkeit sah sie für unnötig und als eine Zeitvergeudung an, und so bekam Heiris Haushalt einen anderen Charakter. Die drei kleinen Buben und das Kleine in der Wiege sahen nicht aus, wie der Fani und das Elsli ausgesehen hatten als kleine Kinder und auch jetzt noch aussahen, denn die erste Gewohnheit war ihnen geblieben.

Aus diesen Gedanken, die so einer nach dem anderen in der sinnenden Frau aufgestiegen waren, wurde sie durch ein fürchterliches Geschrei aufgeschreckt, das vom Hause her ertönte. Jetzt stürzte, fortwährend aus vollem Halse schreiend, das achtjährige Rikli, um die Ecke kommend, auf sie los, hinter ihr her der Bruder Fred, ein großes Buch unter dem linken Arm, den rechten mit geschlossener Faust ausstreckend.

»Rikli, nicht so maßlos«, mahnte die Mutter; »komm doch zu dir. Was ist denn geschehen?«

Rikli schrie fort und steckte ihren Kopf ins Kleid der Mutter hinein.

»Jetzt sieh doch, Mama, warum das vernunftlose Wesen sich so gebärdet«, berichtete der herzugerannte Fred; »hier sieh, dieses niedliche Fröschlein habe ich gefangen und dem Rikli unter die Augen gehalten, daß es das Tierlein bewundern könne, und nun will ich dir gleich lesen, welch ein merkwürdiges Exemplar es ist. Sieh nur, sieh!« Fred hielt seine offene Hand hin, aus der ein grüner Frosch glotzte.

»Rikli, nun sei ganz still, es ist genug«, gebot die Mutter dem immer noch fortschreienden Kinde, »und du, Fred, weißt wohl, daß das Kind sich allerdings unvernünftig vor deinen Tieren fürchtet; warum mußt du diese gerade ihm unter die Augen halten?«

»Es war zunächst bei mir«, erklärte Fred, »und hör nur, wie interessant die Beschreibung ist, Mama!« Fred hatte sein Buch aufgemacht und las: »Der grüne oder Wasserfrosch, `esculenta`, ist gegen drei Zoll lang, grasgrün mit schwarzen Flecken. Seine Augen haben einen Goldglanz, die Zehen der Hinterfüße eine Schwimmhaut. Seine Stimme, die er besonders in warmen Sommernächten hören läßt, lautet: Brekekekex! Den Winter bringt er im Schlamm zu. Er nährt sich –«

In diesem Augenblick kam ein Wagen herangefahren.

»Es ist die Dame mit dem kranken Mädchen, laß mich, Fred, laß mich«, sagte die Mutter, eilig den Fred etwas beiseite schiebend, der ihr den Weg versperrte. Er rannte ihr aber nach: »Mama, so hör nur noch, du weißt ja noch nicht, womit er sich nährt, er nährt sich von –«

Der Wagen war schon da. Aus dem Stalle kam der Hans, aus der Küche die Kathri gelaufen in einer sauberen weißen Schürze; denn man hatte ihr gesagt: wenn ein Wagen vorfahre, habe sie herauszukommen, um ein krankes Mädchen die Treppe hinaufzutragen. Fred und Rikli waren ein wenig zurückgetreten und standen jetzt mäuschenstill an der Hecke, mit gespannter Erwartung dem Weiteren entgegensehend. Erst trat eine Dame aus dem Wagen und winkte Kathri heran. Dann hob diese eine weiße, zarte, fast durchsichtige Gestalt aus dem Wagen heraus und trug sie die Treppe hinauf ins Haus hinein. Die beiden Frauen folgten gleich nach.

»Das Kind ist viel größer als du, wenn schon die Mama gemeint hat, es sei nur acht oder neun Jahre alt«, erklärte jetzt Fred seiner Schwester Rikli. »Das gibt eine Freundin für Emmi und man kann ihm auch ansehen, daß es sich für ein Geschrei bedanken würde, wie du es machst.«

»Ja, ja, es hat auch nicht immer Frösche und Spinnen und Raupen in der Tasche, wie du«, wehrte sich Rikli und wollte eben noch einiges beifügen, das die Berechtigung ihres Geschreies beweisen mußte, als Fred die Hand aufmachte, um nach seinem Frosch zu sehen, und dieser mit einem großen Satz gegen das Rikli hin entsprang. Mit einem durchdringenden Geschrei rannte das Kind ins Haus hinein, wo es aber nicht weit vordringen konnte, denn die Kathri schoß ihm mit einem ganz überwältigenden »Bsch! Bsch!« entgegen. »Wenn ein Krankes drinnen ist, so zu tun!«

»Wo ist die Tante?« fragte Rikli; eine Frage, welche die Kathri beantwortete, bevor sie recht ausgesprochen war, denn sie kannte diese Frage, die des Tages viele hundert Male in dem Hause gehört wurde.

»In der anderen Stube; hier drinnen ist das Kranke, geh nicht dahinein, die Mama hat's verboten; und das Schreien wie von einem angestochenen Spanferkelchen ist auch nicht erlaubt im Hause drinnen«, fügte die Kathri aus eigener Beurteilung hinzu.

Rikli eilte in die andere Stube hinein, um der Tante die Geschichte mit dem Frosch zu klagen, denn es konnte nicht darüber wegkommen, daß er ihm fast ins Gesicht gesprungen war. Aber die Tante war schon in Anspruch genommen: Oskar, der älteste Bruder, saß neben ihr, in ein ernsthaftes Gespräch vertieft.

»Weißt du was, Tante? Wenn der Feklitus nicht nachgibt, so könnte man beide Sprüche zusammensetzen; dann wäre doch der unsere da und die anderen hätten den ihrigen auch, meinst du nicht?«

»Ja, das könnte man tun«, stimmte die Tante bei; »so ist allen geholfen und die Verse sind gedankenreich, wie es bei solchen Gelegenheiten sein muß.«

»Hilf du dann auch der Emmi brodieren, Tante«, bat Oskar; »weißt du, sie macht sonst die Fahne nie fertig, sie läuft gewiß hundertmal davon weg, etwas anderem nach.«

Die Tante versprach ihre Mithilfe. Hocherfreut sprang Oskar auf und davon, denn er mußte seinen Freunden schnell noch Mitteilung über den glücklich gefundenen Ausweg mit den Sprüchen und das erfreuliche Versprechen der Tante machen. Bevor aber Rikli noch zu Worten kam für seine Froschgeschichte, war schon die ältere Schwester Emmi hereingestürzt und rief in großer Aufregung: »Tante! Tante! Sie gehen alle in die Erdbeeren, ein ganzer Trupp; darf ich noch mit? Sag doch schnell ja, ich kann nicht zur Mama und es pressiert.«

»Einmal in die Veilchen und einmal in die Erdbeeren und

24

einmal in die Heidelbeeren und immer in etwas, so ist's bei dir, Emmi. So geh, aber komm nicht spät heim.«

Emmi war schon draußen.

»Ich auch! Ich auch!« schrie Rikli und lief der Forteilenden nach. Aber Emmi war in zwei Sätzen die Treppe hinunter und rief zurück: »Nichts! nichts! du kannst nicht mit, im Wald hat's Käfer und rote Schnecken.« Rikli kehrte schleunig um, aber zum Ersatz wollte es nun einmal seine bedauerliche Geschichte erzählen. Doch jetzt kam Fred hereingelaufen mit seinem Buch unterm Arm. Er setzte sich sogleich so nah als möglich zu der Tante hin und schlug das Buch auf. »Das ist gut, daß du da bist, Tante, die Mama hat gar nicht zu Ende hören können, und es ist ein gar merkwürdiges Tier, ich hatte ein prachtvolles Exemplar gefangen. Aber du mußt nicht zu kurz kommen, Tante, morgen such' ich schon wieder einen und bring' ihn dir.«

»Nein, nein!« schrie das Rikli auf; »sag nein, Tante, er springt einem fast ins Gesicht und hat gelbe Augen, wie ein Drache und –«

Fred hatte aus seiner leeren Hand eine Faust gemacht, hielt diese plötzlich dem Rikli vor das Gesicht und schnellte sie auf; mit Geschrei sprang das Kind weg und zur Tür hinaus. »So, jetzt kann man doch ruhig lesen«, sagte Fred, befriedigt über die Wirkung, legte seine Hand auf das Buch und begann: »Der grüne oder Wasserfrosch, esculenta –«

In dem Augenblick ging drüben die Tür auf, man hörte Schritte und Stimmen.

»Komm«, sagte die Tante, »wir müssen das kranke Kind abfahren sehen, wir kehren nachher zum Frosch zurück.« Sie ging ans Fenster. Auf das Gesicht der Tante kam ein trauriger Ausdruck, als sie sah, wie das Kind in den Wagen gehoben wurde.

25

»O, wie blaß und krank sieht das liebliche Gesichtchen aus! Du armes Kind! Nein, du arme Mutter!« korrigierte sie sich, als ihr Blick auf die Dame fiel, die herzlich der Hausfrau die Hand drückte, während ihr große Tränen die Wangen hinabflossen. »Ach Gott!« seufzte die Tante noch einmal. Der Wagen rollte fort. Fred hatte sein Buch wieder ergriffen; aber die Geschichte des Frosches konnte nicht mehr aufgenommen werden, denn jetzt kam die Mutter herein und war sehr erregt von dem eben Erlebten. Sie mußte gleich der Tante Mitteilung davon machen, hatte diese doch von jeher alles mit ihr durchgelebt, was in Freud' oder Leid sie bewegte. Die Tante gehörte auch so ganz und gar zu ihrem Haus, daß die Kinder alle sich ein Haus ohne Tante eigentlich gar nicht vorstellen konnten, denn diese war doch so notwendig da wie ein Papa und Mama. Fred nahm schnell der Tante noch das Versprechen ab, vor dem Augenblick des Aufrufs zum allgemeinen Rückzug nach den Nachtquartieren noch die Lebensweise des Frosches anhören zu wollen; dann befolgte er die Anweisung der Mutter, sich ein wenig hinauszubegeben. Die Mutter erzählte nun, welche tiefe Teilnahme die fremde Dame, Frau Stanhope, und ihr krankes Töchterchen ihr eingeflößt haben. Sie fand, das zarte Geschöpfchen mit den großen, blauen Augen und dem feinen, farblosen Gesichtchen sehe aus, als ob es nur noch halb der Erde angehöre. Die arme Mutter aber könne sichtlich diesen Gedanken nicht ertragen, denn schon beim ersten Wort der herzlichen Teilnahme, das sie, die Doktorsfrau, ihr ausgesprochen hatte, sei sie in schmerzliche Tränen ausgebrochen und habe gesucht, sich selbst zu täuschen mit dem Trost, die Reise habe ihre Nora so sehr angegriffen, daß sie nun gar so blaß und durchsichtig aussehe. Jetzt in der frischen Bergluft werde es gewiß bald anders werden, darauf hatte sie ihre ganze Hoffnung gesetzt.

Soweit hatte die Mutter berichtet, als sie den Hufschlag eines Pferdes vernahm; sie wußte, es war ihr Mann, der von seinen ärztlichen Besuchen heimkehrte. Augenblicklich ging sie ihm entgegen und benachrichtigte ihn davon, daß die erwartete Dame mit dem kranken Kinde angekommen sei. Der Doktor machte sich auch, nachdem er vom Pferde gestiegen, gleich wieder auf den Weg, um seinen ersten Besuch bei der neuen Patientin zu machen. Er hatte eine Wohnung gefunden, die, soweit es überhaupt in dieser ländlichen Gegend möglich war, den Wünschen entsprach, welche sein Freund, der Arzt am Rhein, für die Kranke und ihre Mutter ausgesprochen hatte. Erst spät am Abend kehrte der Doktor wieder zurück, als die Kinder schon verschwunden waren, nicht ohne daß Fred noch seinen Zweck erreicht hatte. Die letzte halbe Stunde lang war er unausgesetzt mit seinem Buch unterm Arm der Tante auf Schritt und Tritt nachgegangen, um den geeigneten Augenblick zur Mitteilung wahrzunehmen, was heute, wie schon öfter, längere Zeit erforderte, denn die Tante war wieder einmal von allen Geschwistern zugleich in Anspruch genommen, während auf der einen Seite die Mutter und auf der anderen die Kathri zu gleicher Zeit noch einen Rat von ihr begehrten. Aber Fred hatte viel Beharrlichkeit und er konnte auch heute sich beruhigt niederlegen, denn er hatte die Tante trotz allen Nebenansprüchen an sie noch mit den sämtlichen Lebensbedingungen des Wasserfrosches bekannt gemacht.

Der Doktor hatte sich jetzt zu seinem Nachtessen gesetzt. Mutter und Tante saßen neben ihm und erwarteten mit Spannung seine Mitteilungen über die junge Kranke: wie er ihren Zustand gefunden habe und ob er die Hoffnung hege, der Sommeraufenthalt werde die gewünschte Genesung bringen. Aber der Doktor schüttelte den Kopf. »Da ist wenig zu hoffen«, sagte er, »es ist keine Lebenskraft in dem

Pflänzchen. Es handelt sich nicht um heruntergekommene Kräfte, sondern um den völligen Mangel derselben von Anfang an. Ob unsere Bergluft Wunder tun kann, wollen wir sehen; ohne ein solches ist keine Hilfe.«

Diese Nachricht stimmte die Frauen sehr traurig; sie hatten ja beide gesehen, wie schwer der armen Mutter die Trennung von ihrem Kinde werden würde. Sie hielten beide noch an der Hoffnung fest, die stärkende Luft werde ihre wohltuende Wirkung auf das kranke Kind um so eher ausüben, als sie für dasselbe ganz neu und ungewohnt war.

»Emmi soll das Kind besuchen und es kurzweilen und aufheitern«, sagte der Doktor wieder; »die hat ja immer zuviel Zeug im Kopf, da kann sie etwas ablagern und stiftet unterdessen keine ihrer beliebten Unternehmungen an, die alle in irgendein Unheil auslaufen. Dieses Wesen wird sie höchstens zum Erstaunen bringen, aber gewiß zu keiner Mitwirkung hinreißen; so ist es für beide gut, wenn sie recht oft hingeht.«

Die Mutter stimmte bei, Emmi sollte so oft als möglich die kranke Nora besuchen; der Gedanke war der Mutter selbst sehr lieb; sie zweifelte nicht daran, daß zwischen den Kindern ein Freundschaftsverhältnis entstehen werde, das für beide sehr wohltätig werden müßte. Die stille, zarte Nora könnte einen besänftigenden Einfluß auf das rasche und stürmische Wesen ihrer Emmi ausüben, und diese mit ihrer frischen, lebendigen Weise müßte neue, frohe Gedanken und Erheiterung in das einförmige Leben der jungen Kranken bringen.

Als später der Doktor auf seiner Stube noch allerlei Vorbereitungen für den folgenden Tag traf, saßen Mutter und Tante wie gewöhnlich beim großen Flickkorb zusammen, besprachen die Ereignisse des Tages und erzählten sich gegenseitig alle Erlebnisse, die sie heute mit den Kindern gehabt, und alle Beobachtungen, die sie an ihnen gemacht hatten. Dies war für die Schwestern die einzige Zeit des Tages, daß sie zu einem ruhigen Aussprechen kamen, was ihnen ein großes Bedürfnis war; denn da waren so viele Angelegenheiten, für die sie gemeinschaftlich lebten und handelten. Vor allem die Kinder mit all ihren Freuden und Schmerzen, ihren Wünschen und Bedürfnissen, dann die Kranken, die von nah und fern ins Haus kamen, und endlich alle Trost- und Hilfsbedürftigen der ganzen Umgegend, die mit allen ihren Bedrängnissen dahin kamen, wo sie einer warmen Teilnahme und der Unterstützung mit Rat und Tat allezeit sicher waren. So hatten Mutter und Tante an diesem wie an jedem anderen Abend so viele Dinge zu verhandeln und zu besprechen, daß unter ihren fleißigen Händen die Haufen der heilsbedürftigen Strümpfe im großen Flickkorb unbemerkt zusammenschmolzen und Mutter und Tante sich endlich eines späten, aber wohlverdienten Feierabends freuen konnten.

Drittes Kapitel.

Im Dorf und in der Schule von Buchberg.

———

Das Dorf Buchberg bestand aus vielen zerstreuten Bauernhöfen und größeren und kleineren Gruppen von Häusern und Häuschen, die da und dort hinter den reichbelaubten Fruchtbäumen hervorguckten. In der Nähe der Kirche standen nur einige Häuser: das Schulhaus, die Küsterwohnung, das feste alte Haus des Gemeindepräsidenten und einige kleinere Bauernhäuser. Für sich allein in einiger Entfernung, der waldigen Anhöhe zu, stand das Haus des Arztes. Die größten Gebäude von Buchberg aber standen unten an der großen Landstraße, die ungeheure Fabrik und daneben das geräumige Haus des Fabrikbesitzers, der beide Gebäude selbst hatte errichten lassen. Zwischen der Landstraße und dem Wohnhause lag ein sehr sonnenreicher Garten; da war kein Baum noch Busch hineingepflanzt, denn so hätte man ja das schöne Haus von der Straße aus nicht recht sehen können. Der Besitzer dieses schönen Hauses und der Fabrik war der ausnehmend reiche Herr Bickel, der mit seiner Frau und dem einzigen Sohne die unteren Räume des Wohnhauses bewohnte, indes die oberen – sechs große, prächtige Zimmer – immer fest abgeschlossen waren mit grünen, glänzenden Jalousieladen. Da kam auch nie ein Mensch hinein, als nur Frau Bickel, wenn sie hinging, den Staub von den schönen Möbeln wegzunehmen und diese bei dem Anlaß mit stiller Feierlichkeit zu bewundern. In solchen Augenblicken durfte auch das Söhnchen etwa eintreten, nachdem es seine Schuhe vor der Tür hatte ausziehen müssen, und so stand es dann

31

in dem Halbdunkel mit einer Art andächtigen Schauers und starrte die unentweihten Sessel und Kommoden an. Herr Bickel war ein sehr angesehener Mann in der Gemeinde, denn in seiner Fabrik fanden viele große und kleine Leute Arbeit, welche Herr Bickel hinwiederum sehr wohl zu gebrauchen wußte. Er war auch so eifrig in seinem Geschäft, daß er jeden Menschen darauf ansah, ob er in seiner Fabrik zu gebrauchen wäre oder nicht, und ihn je nach dieser Eigenschaft oder dem Mangel derselben schätzte. Auch wenn in Buchberg ein Kind auf die Welt kam, berechnete er gleich, in welchem Jahr es unter die Zahl seiner Arbeiter könnte aufgenommen werden. Fast alle Kinder in Buchberg wußten auch, daß sie einmal unter die Herrschaft des Herrn Bickel kommen würden, und wichen immer scheu und respektvoll zur Seite, wenn er daherkam mit dem dicken Stock, auf dem ein großer, goldener Knopf saß, und mit der massiven, weithin glänzenden, goldenen Uhrkette, an der ein ungeheures Petschaft majestätisch hin und her baumelte.

Aus dem schönen Hause trat jeden Morgen der Sohn des Herrn Bickel, der junge Feklitus, und wanderte die Straße hinauf, der Schule zu. Auf seinem Rücken trug er den Ledertornister mit dem wundervollen Deckel, auf dem, mitten unter schönen Rosengirlanden, groß und hervortretend die Buchstaben F. B. zu sehen waren. Diesen Deckel hatte Frau Bickel dem Sohn auf Weihnachten brodieren lassen. Zu seinem etwas ungewohnten Namen Feklitus war er folgendermaßen gekommen. Sein Großvater war ein Schneider gewesen, und da dieser klein von Statur war und auch von ferne nie in einer Stellung sich befand, wie einst sein Sohn sie einnehmen sollte, sondern ein blutarmes Schneiderchen war, das sich kaum durchbringen konnte, so hieß er allgemein: der Schneiderli. Als er nun seinem Sohn in der Taufe den Namen Felix gab, wurde dieser gleich nach der Sitte der Gegend zu einem Fekli und hieß nun fortan zur näheren Bezeichnung: der Schneider-Fekli. Diesem aber, der früh ein Vorgefühl seiner einstigen Bedeutung hatte, war dieser Name anstößig und wurde ihm immer mehr zuwider, je höher er in Reichtum und Ansehen stieg. Aber die Buchberger waren nicht davon abzubringen: wenn sie einmal an einen Namen gewohnt waren, so blieben sie unveränderlich dabei und trugen ihn von einem Geschlecht aufs andere über. So noch zur Stunde; obschon jeder, der mit Herrn Bickel zusammentraf, wohl sagte: »Guten Tag, Herr Bickel!« – so nannte ihn doch kein einziger, wenn er von ihm redete, anders als: der Schneiderli-Fekli. Davon hatte Herr Bickel eine Ahnung, und die Sache war ihm sehr empfindlich. Als er nun schon ein großer Herr war und mit der Frau Bickel in dem neuen, schönen Hause wohnte und ihm dann ein Söhnlein geschenkt wurde, da konnte er sich sehr lange nicht entschließen, es taufen zu lassen, denn er suchte und suchte und fand immer den Namen nicht, der zu gleicher Zeit die Stellung und alle Aussichten dieses Sohnes andeuten und auch das Übertragen des verhaßten Namens unmöglich machen würde. Nun hatte Herr Bickel um diese Zeit als Schulvorsteher dem Examen in Buchberg beizuwohnen. Da traf es sich, daß der Lehrer den Kindern eben die Bedeutung des Namens Fortunatus auseinandersetzte. Freudestrahlend kam Herr Bickel nach Hause. »Der Name ist gefunden, jetzt wird getauft«, rief er seiner Frau entgegen; und so geschah es. Das Söhnchen wurde von Vater und Mutter Fortunatus genannt und jedesmal mit besonderem Genuß, denn der Name entsprach vollkommen seiner Stellung im Leben, und Herr Bickel war überzeugt, er habe damit den alten, ihm anstößigen Namen ausgerottet. Sobald aber sein Söhnchen in die Schule eintrat, fand es sich, daß der Name Fortunatus den Kindern zu lang war; sofort wurde er in »Tus« abgekürzt, und gleich darauf zur näheren Bezeichnung wurde der »Schneiderli-Fekli-Tus« daraus, welcher lange

Name dann mit der Zeit in »Fekli-Tus« überging, wobei man blieb, und schließlich glaubte jedermann in Buchberg, der Name heiße wirklich Feklitus, und fand es natürlich, um der Abstammung willen.

Feklitus saß mit Oskar auf der Schulbank der sechsten Klasse, das heißt, sie saßen auf zwei Schulbänken in derselben Klasse; denn als sie vor sechs Jahren miteinander in die Schule eintraten, setzte sich Oskar gleich oben an, denn er war ein herrschsüchtiges Bürschchen, das allenthalben gern regieren wollte. Aber Feklitus blieb neben ihm stehen und sagte: »Das ist mein Platz«; denn er war mit dem Bewußtsein seiner Stellung in die Schule gekommen und sein Vater hatte ihm auch gesagt: »Du gehörst dann obenan.«

Aber der Lehrer war ein unparteiischer Mann; er untersuchte die Sache genau, und da es sich fand, daß Oskar zwei Tage älter war als Feklitus, so bekam jener den ersten Platz. Um keinen Preis aber hätte der Feklitus den zweiten eingenommen, sondern er setzte sich auf den ersten der zweiten Bank, und da die Klasse so groß war, daß sie beide Bänke in Anspruch nahm, ließ ihn der Lehrer gewähren. So war es denn durch alle Klassen bis zur sechsten hinauf geblieben, denn die Zahl der Schüler hatte sich nicht verändert. Dem Oskar war diese Einrichtung eben recht, denn dadurch kam der lustige Fani, des Tagelöhners Heiri Sohn, neben ihn zu sitzen, der jederzeit zu allen Unternehmungen aufgelegt war, die Oskar nur erfinden konnte, zu den gewagtesten am allerliebsten. Daneben hatte die äußere Erscheinung dieses Buben etwas Ansprechenderes für den Oskar, als die des breitschulterigen Feklitus, der stets in einem schönen Tuchwams mit hohem Kragen steckte, in einer Weise, daß von seinem Hals, der ohnehin kurz war, gar nichts mehr gesehen wurde und der ganze Feklitus aussah, als habe man ihn in ein Futteral gesteckt, in dem er sich nicht mehr recht bewegen konnte. Fani war schmal und gewandt, wie eine Eidechse, und trug er auch den ganzen Sommer nichts auf sich, als sein Hemd und seine leinenen Höschen, so stellte er sich so leicht und gefällig hin, daß jeder mit ihm vergaß, wie spärlich er gekleidet war. Strich er seine langen, dunkeln Haare, die so fort wuchsen, weil niemand sie ihm abschnitt, mit seinen beiden Händen über die Stirn zurück und schaute dann mit den großen, glänzenden Augen so erwartungsvoll um sich, wie er zu tun pflegte, dann fiel dem Oskar gleich ein neuer Plan zur Gründung irgendeiner Gesellschaft ein, denn der Fani wäre zu so manchem zu gebrauchen, wie er bemerkte, z. B. als Künstler, oder als edler Räuberhauptmann, oder als Schauspieler. Das war für den Oskar besonders ansprechend, denn er war immer entweder mit dem Gedanken beschäftigt, etwas Großartiges zu gründen, Vereine, Verbindungen, Gesellschaften, und dazu brauchte er gerade Leute, wie Fani war; oder er hatte eben etwas gegründet und hatte alle Hände voll zu tun mit der Durchführung der Sache, – da war Fani wieder der rechte Mann zur Hilfe, überall brauchbar, weil immer willig und mit einem offenen Verständnis begabt, wie kein zweiter in der Klasse. Die meisten Schwierigkeiten bereitete ihm bei allen seinen Plänen der Feklitus, der immer erst dann in die Sache einging, wenn ihm dabei eine Hauptrolle zuteil wurde, oder es so herauskam, als habe er an dem Plan gerade so viel erfunden, als Oskar. Feklitus aber mußte für die Dinge gewonnen werden, sonst machte seine ganze Partei nicht mit und die Pläne fielen dahin, denn die Klasse war in zwei fast gleich große Parteien geteilt; ja so durchgängig hatte dieses Parteiwesen um sich gegriffen, daß eigentlich alle Klassen, bis zu den harmlosen Erstkläßlern hinunter, in zwei verschiedene Heere geteilt waren, die Oskarianer und die Feklitusianer. Oskar hatte alle unabhängigen Leute für sich, alle gutgestellten

Bauernsöhne, alle Handwerkersöhne, die in die Fußtapfen der Väter zu treten gedachten, und alle diejenigen, die einen bestimmten Weg im Sinne hatten, vom Fuhrknecht bis hinauf zum künftigen Lehrer. Alle anderen waren Anhänger des Feklitus, denn dieser hatte ein Schreckenswort, das viele Unschlüssige sogleich unter seine Fahne brachte, wenn er es ertönen ließ: »Warte nur, bis du in die Fabrik kommst!« drohte Feklitus, sobald er sah, daß einer unschlüssig war, wohin er sich wenden wollte, was denn auch manchen auf seine Seite brachte, der sonst nicht zu ihm gehalten hätte; aber je weniger man wußte, was dann begegnen konnte, wenn man in die Fabrik kam, desto unheimlicher tönte die dunkle Drohung in die Ohren. Nur dem Fani war alles Drohen und alle Aussicht auf unbestimmte, schreckliche Dinge ganz einerlei. Er war entschieden der Fabrik verfallen, und zwar schon auf kommende Ostern, wann seine Schulzeit zu Ende ging, das wußte er sehr gut; aber er hielt immer und auf der Stelle zu Oskar, und wenn in seinem Ärger darüber der Feklitus ihm etwa entgegenrief: »Wart du nur, bis du in die Fabrik kommst!«, so drehte sich Fani lachend rundum und rief zurück: »Ja, ja, ich warte schon, es pressiert mir nicht.« Dafür hatte aber Feklitus auch einen Zahn auf den Fani und dachte entschieden daran, ihm allerhand Schwierigkeiten zu bereiten, sobald er drüben in der Fabrik arbeiten würde. Meistens fanden sich aber die Parteien doch befriedigt zusammen, denn es lag dem Oskar daran, den Feklitus gut zu stimmen, da er zum Gedeihen seiner Gründungen vieler Leute bedurfte und daher für die Eintracht war. Gerade jetzt herrschte ungestörter Friede und Übereinstimmung. Oskar hatte einen großartigen, allgemeinen Sängerverein gegründet. Aus allen Klassen sollte daran teilnehmen, wer nur Lust hatte, und vor allem wurden nun gleich alle Vorbereitungen auf das große Sängerfest getroffen, das ja infolge der Gründung des Vereins kommen mußte. Er hatte den Feklitus gleich für diese Unternehmung gewonnen, indem er ihn zum Mitarbeiter an den Zurüstungen für den großen Tag ernannt hatte. Eine brodierte Fahne stand auch fest in Aussicht – denn die Tante hatte ja versprochen mitzumachen; das war eine ganz andere Sicherheit, als nur Emmi für die Sache gewonnen zu haben –; Fani sollte Fahnenträger werden. Heute mußte aber eine Sitzung stattfinden, kündete Oskar an, als eben am Schluß der Schulstunden sechs bis acht der Jungen auf einmal sich zur Tür hinausdrängen wollten, was das Herauskommen merklich verzögerte, so daß die Aufforderung zu der Sitzung gleich noch nach allen Richtungen hin verbreitet werden konnte. Draußen auf dem freien Platz wand sich die Masse der Buben sofort in einen Knäuel zusammen; so fanden bei ihnen die Sitzungen statt. Oskar teilte gleich der Versammlung mit, daß noch kein Spruch auf die Fahne gewählt worden sei, daß er aber einen sehr schönen wisse, der auf die Gelegenheit passe, nämlich den:

»Gesang verschönt das Leben und macht den Menschen froh.«

Feklitus aber war nicht einverstanden. Er sagte, er habe
schon oft solche Feste gesehen und viel schönere Sprüche da
gefunden als diesen; er wisse einen, der töne ganz anders,
den müsse man annehmen:

»Das Vaterland soll leben, die Freiheit lebe hoch!«

Oskar sagte, der passe zu einem anderen Fest, nicht zu
dem; aber der Feklitus blieb bei seiner Ansicht und rief seine
Getreuen auf, sie sollten ihm helfen, und nun entstand ein
betäubender Tumult, und Oskarianer und Feklitusianer
schrieen so grimmig durcheinander, daß keiner den anderen
mehr verstand. Jetzt packte Oskar den Feklitus am Arm und
zog ihn weithin auf die Seite, bis dahin, wo man wieder
etwas verstehen konnte, und sagte mit Entrüstung: »Weißt
du, Ruhestörer, daß du das Geschrei hervorgerufen hast,
und das ist ganz miserabel von dir! Was gewinnst du
dadurch? Nichts! Was verdirbst du? Alles! Damit du aber
siehst, daß ich nicht einer bin, wie du, so will ich dir jetzt
einen Vorschlag machen. Wir wollen unsere Sprüche beide
brauchen, und es ist gut, daß sie sich noch aufeinander
reimen; dann heißt die Inschrift so:

›Gesang verschönt das Leben und macht den Menschen froh,
Das Vaterland soll leben, die Freiheit lebe hoch!‹«

Jetzt war der Feklitus einverstanden; aber um keinen
Preis hätte er den schönen Gedanken darangegeben, den er
selbst gefunden und in seinem Kopf behalten hatte. Nun
wurde den anderen die Übereinkunft verkündigt, die
Sitzung war geschlossen. Mit einemmal stob der ganze
Knäuel in hohen Luftsprüngen auseinander, und nach allen
Richtungen hin erscholl durch den Sommerabend die
Freude des überstandenen Tagewerks. Oskar allein ging still
und mit einer großen Falte auf der Stirn nach Hause, denn

er trug einen Ärger mit sich. Wieder war der Fani, wie schon so oft, gleich nach der Schule verschwunden und er hatte doch gehört, daß noch eine wichtige Besprechung stattfinden sollte. Das nahm Fani alles viel zu leicht; es war der einzige große Fehler, den Oskar an ihm kannte: Fani ging zu leicht von einer Sache in eine andere über, sobald diese ihn wieder ansprach, und Oskar wußte jemand, der den Fani darin sehr unterstützte und ganz war wie er, das war seine Schwester Emmi. Eigentlich war diese noch ärger, denn sie brachte den Fani immer wieder auf etwas Neues und stiftete ihn überhaupt immer zu irgend etwas an. Das kannte Oskar wohl an ihr und es war ihm sehr ärgerlich, daß der Fani immer so schnell auf ihre Empfindungen einging. Gewiß hatte sie ihn auch heut' abend zu irgend etwas aufgestiftet und er war gleich darauf eingegangen, da er so bald verschwunden war. Das verdroß den Oskar sehr. Bei seiner Ankunft zu Hause traf er gleich auf den Fred, der am Gemüsebeet auf dem Boden kauerte und mit beiden Händen wie ein gieriger Schatzgräber in der Erde herumwühlte.

»Wo ist Emmi?« rief ihm Oskar entgegen; »aber rühre mich nicht an mit deinen Händen.«

»Du wirst wohl kein Samenkäfer sein, nach dem ich mit meinen Händen herumsuche«, war die Antwort. »Wo Emmi ist, weiß ich nicht; aber das weiß ich, daß eins von euch, du oder Emmi, schon wieder alles Papier genommen hat, so daß kein Mensch seine Aufgaben machen kann, wenn er noch so gern wollte.«

»Ich habe gar keins gebraucht«, erklärte Oskar; »daß sie wieder etwas angestiftet hat, das weiß ich nun schon, und das Papier hat sie auch gebraucht, und was sie noch alles anstellen wird, das kann man dann sehen, wenn man ihr nicht einmal das Handwerk legt.« Mit dieser Prophezeiung trat Oskar ins Haus hinein.

Viertes Kapitel.

Von weiteren Zuständen in Buchberg.

———

Oskar hatte richtig geraten: durch die geöffnete Schulzimmertür war der gewandte Fani unter den ersten hinausgeschlüpft, und Emmi, die auch überall durchkam und schon draußen stand, nahm ihn gleich in Beschlag. »Komm schnell, Fani, ich weiß einen prachtvollen Baum, den du zeichnen kannst, und Papier habe ich schon und alles.«

Fani ging gleich mit großer Freude in den Vorschlag ein, und sofort rannten die beiden davon, erst den Weg hinunter und dann dem grünen Hügel zu, an dem ein schmaler Fußweg zwischen den blumenreichen Wiesen emporführte. Hier beim langsamen Bergansteigen besprachen die Kinder nun ihr Vorhaben, und Emmi erklärte dem Gefährten, wohin sie ihn führen wolle. Es hatten nämlich heute früh die Unterrichtsstunden des Zeichnens stattgefunden, welche die beiden obersten Klassen immer zusammen erhielten. In der fünften Klasse saßen Emmi und Elsli, sowie auch der studienbeflissene Fred, der zwar ein Jahr zu jung war für diese Klasse, aber der Lehrer hatte ihn dahin versetzt, weil er den sämtlichen Vierkläßlern weit voraus war, ja sogar in der fünften Klasse war er noch weitaus der Geschickteste. Nur im Zeichnen nicht, da war Fani allen anderen so weit überlegen, daß der Lehrer öfter bemerken mußte, wenn er seine Zeichnungen ansah: »Siehst du, Fani, wie du's kannst, wenn du willst! Du könntest auch anderes noch besser machen, wenn du dich mehr anstrengtest und nicht so gleichgültig und leichtsinnig wärest!« Heute nun hatte der

Lehrer bemerkt, es wäre ihm recht, wenn die Kinder hier und da etwas nach der Natur abzeichneten, einen Baum oder eine Blume, und hatte den Fani noch besonders aufmerksam gemacht, wie gut er die Bäume zu machen verstehe, er sollte sich einen schönen aussuchen. Das war nun der Emmi gerade recht, so etwas ausfindig zu machen, denn an Fanis Zeichnungen hatte sie schon immer eine besondere Freude gehabt. Er hatte ihr auch schon allerhand gezeichnet: Rosen und Erdbeeren und einen Fischer, mit einer Angelrute unter einem Baum am Wasser sitzend; diese Bildchen konnte man als Buchzeichen so schön gebrauchen. Jetzt erzählte ihm Emmi, daß sie auf der Stelle nachgedacht habe, welchen Baum er zeichnen könne; da sei ihr auf einmal die große Eiche in den Sinn gekommen, die sehe jetzt so schön aus; noch vor wenig Tagen habe sie's gesehen, denn sie sei mit der Mutter auf dem Eichenrain gewesen, um der fremden Dame willen. Unter diesen Mitteilungen waren die Kinder nun auf dem Hügel angekommen, welcher, um des schönen alten Baumes willen, der Eichenrain hieß. Der reichbelaubte Baum stand am Abhang des Hügels und warf seinen Schatten weithin über das kurze Gras des Weidebodens. Fani schaute verwundert in das reiche Gezweig hinauf.

»O, wie schön«, sagte er; »ich bin froh, daß du den gewußt hast, Emmi, der ist prächtig zum Zeichnen! Ich will gleich anfangen, aber ein wenig weiter weg, da oben, hier.« Fani hatte sich den Hügel hinan Schritt für Schritt etwas weiter von dem Baum entfernt, bis er ihm zum Zeichnen paßte. Hier setzte er sich auf den Boden, Emmi gleich darauf neben ihn, indem sie anfing, aus ihrer großen Schultasche einen ziemlichen Reichtum an Papier und Bleistiften herauszukramen.

»O, da kann man viel zeichnen mit so viel Papier und Bleistiften«, sagte Fani und schaute mit sehnsüchtiger

Bewunderung auf all das schöne Material.

»Ich gebe dir dann noch mit heim davon«, versprach Emmi; »ich habe schon daran gedacht, daß du dann wieder ändern mußt und vielleicht noch einmal anfangen, aber komm, da suche selbst einen Bleistift aus!«

Mit Wonne tat Fani, wie er geheißen war. So reichliches Material zu haben, daß man so darauflos zeichnen konnte, wie man wollte, schien dem Fani das Höchste zu sein. Nachdem er noch ein paarmal seinen neuen Bleistift und sein weißes Papier mit Wohlgefallen angeschaut hatte, setzte er sich zurecht und begann seine Arbeit. Emmi war nun ganz still und schaute aufmerksam der Entstehung des Baumes zu.

»O, o! Jetzt ist die Eiche schon ganz kenntlich! Nein, was du aber für schöne Zweige und niedliche Blättchen machen kannst!« rief Emmi jetzt ganz entzückt aus; »nein, so schön hast du gewiß noch nie einen Baum gemacht! Du wirst sehen, was der Lehrer sagen wird; gewiß hast du die allerschönste Zeichnung von allen. Wie machst du's denn nur, Fani? So etwas könnte ich gar nie machen.«

»Ich mache es nur nach«, sagte Fani, dessen Augen beständig hin und her gingen, jetzt zu dem Baum hinauf und jetzt wieder auf das Papier zurück, und ganz flammten vor Eifer. »Sieh nur auch die schönen Zweige, die er hat, und die prächtigen Blätter; kein Blatt ist so schön wie das Eichenblatt. O, und sieh nur oben, wie das so prachtvoll rundum geht, gerade als hätte man expreß die Zweiglein so gemacht, daß es die schöne Form gibt. O, wenn ich nur den ganzen Tag da sitzen könnte und immerfort an dem Baum zeichnen, es gibt gar nichts Schöneres auf der Welt.«

»Jetzt weiß ich etwas«, rief Emmi aus, so als habe sie auf einmal einen großen Fund getan; »du mußt gewiß ein Maler werden, Fani. So fängt es an, wenn einer ein Maler werden muß, das weiß ich bestimmt; sonst könntest du gar nicht sagen, das Schönste auf der Welt wäre, einen ganzen Tag lang vor einem Baum zu sitzen und zu zeichnen, das wäre doch jedem anderen furchtbar langweilig.«

»Ja, du hast gut sagen, ich soll ein Maler werden«, entgegnete Fani mit einem Seufzer; »im nächsten Frühling komm' ich aus der Schule, und dann muß ich in die Fabrik und muß den ganzen Tag spulen vom Morgen bis am Abend; da kannst du dann ein Maler werden, ich wüßte nur gern, wie?

«»Aber wolltest du denn nicht gern alles tun, um ein Maler zu werden, Fani? Denk nur, wie herrlich! Wenn du doch selbst sagst, es wäre das Schönste auf der Welt, da wolltest du doch gern alles wagen, wenn du nur dazu kommen könntest, oder nicht?«

»Freilich wollt' ich, gewiß, aber da ist ja gar nichts zu wagen; was könnte ich denn tun?«

»Wart du jetzt nur, Fani, ich will nun schon anfangen zu denken, was du machen könntest. O denk nur, wenn du dann ein ganz geschickter Maler würdest und gar nichts anderes mehr tun müßtest, als nur immer zeichnen und malen, da hättest du doch gar nichts mehr als Freude, dein Leben lang; Fani, glaubst du nicht?«

Emmi war jetzt so ins Feuer hineingekommen durch alle die Pläne und Aussichten, die ihr jetzt schon vorschwebten, daß sie auch den Fani angezündet hatte. Sein Stift war ihm aus der Hand gefallen und seine Augen waren nicht mehr forschend auf die Eichenzweige gerichtet, sondern rollten hin und her, als suchten sie da und dort etwas, was nicht zu sehen war.

»Glaubst du's sicher, Emmi, glaubst du gewiß, das

könnte sein?« fragte er jetzt in großer Aufregung. »Was meinst du denn, das ich tun könnte? Ich wollte es am liebsten auf der Stelle tun; aber was? aber was?«

»Das weiß ich jetzt noch nicht, aber es kommt mir dann schon in den Sinn; du mußt nur ein wenig warten, vielleicht kann ich dir's morgen schon in der Schule sagen. Aber komm, mach noch deinen Baum fertig, und das Papier und die Bleistifte kannst du dann mitnehmen, daß du noch andere Bäume machen kannst. Weißt du, sie werden dann am Examen gezeigt, und weil du nur so graues Papier hast und doch die allerschönsten Zeichnungen machst, so wäre es ja schade dafür.«

Fani war sehr erfreut, denn oft schon hätte er zu Hause gern eine Zeichnung gemacht, aber da war nichts zu finden, was man dazu brauchte; so war ihm das schöne weiße Papier samt den zwei Bleistiften ein wahrer Schatz. Er ging nun noch einmal an seine Arbeit, und Emmi schaute zu und lobte und bewunderte. Unterdessen war aber die Sonne untergegangen, und leise kam die Dämmerung heran und erinnerte die Kinder daran, daß die Zeit der Heimkehr gekommen sei.

Fred hatte schon seit einiger Zeit seine Nachforschungen nach den Samenkäfern beendigt. Jetzt stand er auf dem Wege außerhalb der Hecke, die den Garten einfaßte, und schaute mit Spannung nach der Schwester Emmi aus, die doch endlich einmal heimkommen mußte und mit der er Abrechnung zu halten gedachte. Innerhalb der Hecke, im Garten, lief Oskar mit demselben Vorhaben hin und her, nur in viel größerer Aufregung, denn den ganzen Abend hatte er vergebens nach Fani herumgesucht. Dieser war völlig verschwunden und kein Mensch wußte, wohin, und da waren noch so viele wichtige Dinge zu besprechen, bevor das Sängerfest stattfinden konnte. Mit dem Feklitus waren solche Besprechungen unmöglich, er faßte zu langsam und hatte nie einen Gedanken. Da war Fani ein ganz anders schneller und erfindungsreicher Genoß. Sicher hatte Emmi den wieder abgefangen, um ihn zu etwas anzustiften, denn dafür war sie bekannt; aber er wollte ihr schon dahinterkommen, was sie heute ausgeführt hatte, und ihre Tätigkeit ein wenig beschneiden, denn das konnte ihm nicht länger passen, daß Emmi den Fani so für sich in Anspruch nehmen sollte. Durch diese Gedanken nahm die Aufregung bei Oskar immer zu, und in immer größeren Schritten ging er im Garten auf und nieder. Jetzt sah draußen der lauernde Fred etwas den Weg heraufkommen; das konnte aber nicht wohl Emmi sein, denn es war eine ziemlich breite Masse, die fast den Weg von einer Seite zur anderen ausfüllte; in der Mitte war sie ein wenig höher, als an beiden Enden. Fred staunte; er konnte nicht erraten, was sich da heranbewegte, es konnte aber eine naturgeschichtliche Merkwürdigkeit sein; Fred lief schnell ein wenig entgegen. In der Nähe erkannte er das Elsli, dem auf der einen Seite der vierjährige Rudi am Röckchen hing, auf der anderen der dreijährige Heirli; auf dem Arm saß ihm der zweijährige Hanseli mit dem dicken Kopf und den festen Armen und Beinen. So keuchte das Elsli mit seinen drei Brüderchen heran, denn das Gewicht von allen dreien hing schwer an ihm.

»Stell doch diesen dicken Hans auf den Boden, du mußt ja fast ersticken«, sagte Fred, indem er die Anstrengungen der drei Brüder, das Elsli umzureißen, mißbilligend betrachtete.

»Ich darf nicht, er fängt gleich an zu schreien und wird bös«, entgegnete Elsli fast ohne Atem und schleppte sich vorwärts, den Weg hinauf.

»Willst du zu uns?« fragte Fred folgend.

»Ja, etwas holen, da hinein«; Elsli hob seinen Arm ein

wenig in die Höhe, an dem ihm noch ein großer Sack hing.

»Du kannst ja nichts mehr tragen; stell doch jetzt einmal den Dicken auf den Boden, er drückt dich ja fast zusammen«, sagte Fred mit Ärger.

Sie waren nun oben angekommen und standen am Hause.

»Ja, einen Augenblick muß ich ihn gewiß niederstellen, nur bis mir der Arm nicht mehr so weh tut.« Mit diesen Worten stellte das Elsli den Hanseli hin, der augenblicklich in ein so durchdringendes Zetergeschrei ausbrach, daß aus der Stube Mutter und Tante und aus der Küche die Kathri herbeieilten.

»Dich wollt' ich lehren!« bemerkte die letztere mit einer schwingenden Bewegung der flachen Hand und zog sich wieder zurück. In großem Schrecken hatte das Elsli den Buben gleich wieder auf den Arm genommen; er schrie aber noch eine Weile fort über das Unrecht, das ihm geschehen war.

»Mama, sag doch dem Schreihals, daß er auf dem Boden stehen soll, er drückt ja das Elsli ganz zusammen«, rief Fred zornig aus.

Auf diesen Ausspruch hin schrie der Hanseli noch viel ärger und drückte nun seinen Kopf noch so schwer auf Elslis Schulter nieder, daß es sich kaum mehr aufrechthalten konnte.

»Du darfst ihn wirklich auf den Boden stellen, Elsli«, sagte die Mutter hier; »er wird sich wohl zufriedengeben, komm!« und die Mutter wollte helfen, den kleinen Hans von dem Kinde abzulösen und auf den Boden zu stellen; aber es war schwere Arbeit: er hielt sich mit Armen und Beinen fest und zappelte und schlug aus mit den Füßen. Endlich aber stand er doch unten; nun aber erhob er ein so wütendes Geschrei und riß so heftig an dem Elsli herum, daß es in seinem Schrecken ihn schnell wieder auf den Arm nahm, und mit Ergebung in sein Schicksal sagte es: »Er will nicht, er wird immer bös, wenn ich ihn nur einen Augenblick hinstelle, und wenn ich aus der Schule heimkomme, so muß ich ihn auf der Stelle auf den Arm nehmen, sonst fängt er gleich so zu tun an.«

»Aber der schwere Hans ist ja längst zwei Jahre alt, er muß ganz gut gehen, nicht nur stehen können«, sagte nun die Mutter ein wenig unwillig über den kleinen Tyrannen, »und dann ist ja das Kleine noch da, das wirst du auch herumtragen müssen. Wie machst du's denn, Elsli?«

»Ja, da wird er noch viel böser, wenn er sieht, daß ich das Kleine nehme; dann schlägt er drein und stößt mit den Füßen und schreit so furchtbar, daß es die Mutter an allen Orten hört, wo sie ist, und es macht sie böse, wenn er so tut. Dann ruft sie gleich, ich soll machen, daß der Lärm aufhöre, ich werde doch wohl den kleinen Buben noch zum Schweigen bringen können; aber er hört nie auf zu schreien, bis ich das Kleine wieder in die Wiege lege und ihn auf den Arm nehme; dann stoß' ich eben die Wiege hin und her, so lange, bis das Kleine dann wieder gut ist oder einschläft.«

»Komm einen Augenblick herein, Elsli, du siehst ja so müde aus«, sagte die Mutter teilnehmend; »und du, Hanseli, stehst jetzt auf deine Füße und wanderst selbst hinein, das kannst du ganz gut, und drinnen liegt ein schönes Stück Brot und ein Apfel, das bekommst du.«

»Wenn du aber nicht gehen willst«, fügte hier die Tante bei, »so lassen wir dich hier stehen, aber Rudi und Heirli kommen gern mit und holen sich Brot und Äpfel, nicht wahr? Und das können sie auch ganz gut tun, ohne das

Elsli halb umzureißen; komm mit mir!«

Die beiden liefen gleich der Tante nach, und der kleine eigensinnige Hans hatte den Sinn der Rede auch gefaßt; er war ganz still, als das Elsli ihn nun wieder vom Arm heruntergleiten ließ, und wackelte ohne Widerrede an der Hand der Schwester neben der Frau Doktorin her ins Haus hinein. Hinterdrein kam Fred und schwang ein Weidenrütchen in der Hand, so, als wollte er damit andeuten, daß es ein Mittel gebe, widerspenstige Buben zum Marschieren zu bringen. Drinnen in der Stube angekommen, sperrten die drei Buben ganz weit die Augen auf, denn sofort ging die Mutter an den Schrank und holte den großen Brotkorb heraus und schnitt vier ungeheure Stücke von dem mächtigen Laib herunter; auf jedes legte sie einen schönen, roten Apfel, den sie nur aus dem Schrank herausholen konnte; da lagen sie wohl schon für die eigenen Kinder bereit. Jetzt wurde jedem der Buben und auch dem Elsli sein Stück mit dem Apfel gereicht, und Fred sagte: »Nun, frisch, beißt einmal los!« Augenblicklich gehorchten alle drei und knackten und knusperten nun darauflos, daß es jedem Lust gemacht hätte, mitzuhalten. Elsli sagte nun, warum es gekommen sei, und zeigte seinen Sack. Die Mutter hatte es geschickt, die Sachen, welche ihr die Frau Doktorin versprochen hatte, in dem Sack heimzuholen.

»Nein, Kind, davon ist keine Rede«, sagte diese bestimmt; »wie könntest du noch einen Sack mit Kleidern tragen! Sag du deiner Mutter, daß sie selbst einmal kommen soll; ich muß auch sonst mit ihr reden, dann nimmt sie die Sachen mit.«

»Elsli, hast du denn gar keine Lust zu deinem Apfel? Und magst du auch kein Bröckchen Brot essen?« fragte hier die Tante, die gesehen hatte, wie das Kind sorgfältig seinen

Apfel in die Tasche gesteckt hatte, während es das Brot unberührt in der Hand hielt.

Elsli wurde ein wenig rot, so als habe es etwas getan, das vielleicht nicht erlaubt war, und sagte schüchtern: »Ich möchte nur gern mit dem Fani teilen, er bekommt doch heut' nichts mehr.«

»Das darfst du schon sagen, Elsli, daß du dem Fani davon geben willst, das ist ganz recht«, sagte die Tante freundlich; »aber warum bekommt denn der Fani heut' nichts mehr?«

»Wir haben nun schon zu Nacht gegessen, gerade eh' wir kamen, und der Fani ist wieder nicht heimgekommen, wie schon manchmal, und dann ißt man die saure Milch alle auf und auch die Erdäpfel, weil sonst schon nicht so viel sind, und der Vater sagt: ›Wer nicht da ist, hat keinen Hunger.‹ Aber der Fani hat freilich Hunger; ich weiß schon, er vergißt nur, daß es Zeit ist.«

»Wo ist er denn aber? Muß er dir nicht etwa helfen, die kleinen Buben zu hüten am Abend?« fragte die Tante weiter.

»Nein, nein, das kann er nicht. Die Mutter sagt, sie tun nur viel ärger, wenn er dabei ist, er solle nur laufen; und so kommt er so manchmal um sein Nachtessen, und ich kann ihm nichts behalten, und doch ist er immer so gut mit mir. Wenn er dann heimkommt, macht er mir immer meine Aufgaben mit den seinigen, weil ich das nie kann; ich habe zu tun, bis die Mutter das Licht nimmt und ich ins Bett muß.«

»Der Fani kommt eigentlich nur aus Leichtsinn um sein Nachtessen, das könnte er ja anders haben, und von den Aufgaben, die du nicht selbst machst, wirst du auch nicht viel profitieren, Elsli«, sagte die Tante.

Elsli wurde ganz rot und seine sanften, blauen Augen füllten sich mit großen Tränen.

»Ich weiß schon«, sagte es zaghaft; »darum bin ich auch so ungeschickt in der Schule, fast das Ungeschickteste in der ganzen Klasse.«

»Nein, nein, das bist du noch lange nicht«, fiel Fred beschützend ein; »du kannst nur deine Aufgaben nie, was wir auswendig lernen müssen und nachlesen, und jetzt weiß ich auch, warum, und wenn dich noch ein einziges Mal einer auslacht, so will ich ihm dann zeigen, mit wem er es zu tun hat.«

Auf dem Elsli lag so viel, das ihm schwer machte und ihm weh tat, daß es fast nie recht froh und lustig aussah, wie die anderen Kinder. Auch jetzt schaute es wohl dankbar für seinen Trost den Fred an, aber es kam keine Fröhlichkeit auf sein schmales Gesichtchen; und wie es nun aufstand und seine Bürde wieder auf sich lud – denn der Hanseli hatte schon lange an ihm gerissen, um zu verstehen zu geben, daß er wieder auf den Arm wolle –, da sah das Kind so matt und müde aus, daß es den Frauen recht zu Herzen ging. Sie schauten ihm nach, wie es mühsam die Treppe hinunter und über den Platz ging, Rudi und Heirli auf beiden Seiten an ihm hangend, der schwere Hanseli auf ihm liegend.

»Ach Gott, wenn doch ein Sonnenschein in dieses freudlose Kinderleben fallen wollte«, seufzte die Mutter, und die Tante wollte eben mitfühlend einstimmen, als ein auffallender Lärm ertönte und immer lauter herankam. Emmi war eben den Weg heraufgekommen und beide Brüder waren sofort auf sie eingedrungen und schrieen nun gegenseitig auf sie los, immer einer den anderen überschreiend. »Warum hast du den Fani abgefangen?« – »Was hast du wieder mit allem Papier angefangen?« –

»Wozu hast du ihn jetzt wieder aufgestiftet?« – »So kann ja kein Mensch seine Aufgaben machen, und daran bist du schuld!« – »Sag, wo du ihn hingelockt hast, daß er sein Versprechen nicht hält, zur Sitzung zu kommen?« – »Sag, wo das Papier ist, so kann man endlich etwas tun!«

Die Schreienden, mit Emmi in ihrer Mitte, waren nun an der Haustreppe angekommen. Die Mutter war eben abgerufen worden; die Tante trat zu den Kindern heran.

»Still! still! Nicht solchen Lärm machen!« wehrte sie. »Emmi kann euch ja nicht einmal Rechenschaft geben, wenn ihr unaufhörlich beide miteinander auf sie losschreit.«

Emmi rettete sich augenblicklich zu der Tante und flüsterte ihr in die Ohren, wozu sie das Papier alles gebraucht habe, und bat dringend: »Hilf mir doch, Tante, bitte! bitte! Du weißt ja, sonst tut der Oskar noch ärger!«

Die Tante fand die Anwendung des Papiers nicht so schlimm und erklärte, sie werde gleich anderes Papier herbeischaffen, und nun sollten alle hereinkommen und an die Aufgaben gehen und es solle Ruhe und Stille herrschen; und um ihren Worten Nachdruck zu geben, fügte sie bei: »Gleich wird auch der Papa nach Hause kommen; ihr wißt, daß er keinen Lärm hören will!« Das wirkte besänftigend. Alle traten ins Haus ein, und bald nachher saßen die Kinder alle vier, schweigend und eifrig arbeitend, um den Tisch herum, denn die Tante hatte neues Papier hergeschafft, auch dem Oskar erklärt, daß Fani um seiner Schularbeiten willen verschwunden sei. Nun schien der Abend in Frieden und Stille zu Ende gehen zu wollen. Aber auf einmal erhob Rikli ein Mark und Bein durchdringendes Geschrei, warf seinen Sessel zurück und stürzte durch die ganze Stube und weit in den Gang hinaus, nicht anders, als liefe ein Ungeheuer hinter ihm her. Alle Köpfe erhoben sich, und mit Schrecken schaute jeder um sich, die Ursache des Wehegeschreis zu entdecken.

»Hier! hier!« sagte Emmi und wies mit ihrem Zeigefinger auf den Tisch. Da spazierte ganz gravitätisch ein grünschimmernder Goldkäfer über das weiße Papier hin, der soeben der Tasche des unermüdlichen Sammlers entstiegen war.

»Aber Fred, in der Tasche trägt man doch nicht lebende Käfer umher«, mahnte die Mutter; »dafür hast du doch Behälter. Bedenke nur, welchen Unannehmlichkeiten alle deine Nachbarn, auch du und die armen Tiere selbst, ausgesetzt sind!«

»Fred war immer ein wandernder Menageriekäfig, dem kein ordentlicher Mensch nahe kommen darf«, bemerkte Oskar über sein Buch hin.

»Ja, aber meine Sammlungen fallen denn nicht alle Augenblicke in nichts zusammen, wie deine Vereine«, warf Fred zurück; »und siehst du, Mama, es ist ein so schönes und nützliches Tier, ich will dir nur gleich lesen, was darüber steht«, und Fred langte schnell sein Buch herbei, das er immer in der Nähe hatte. »Der Goldkäfer, auratus, mit gewölbten Flügeldecken und starken Freßzangen, nährt sich von Raupen, Larven und anderem Ungeziefer, wodurch er sehr nützlich wird. Statt, wie er verdient, geschont zu werden, wird er überall vom Unverstand verfolgt und zertreten. – Siehst du wohl, Mama?«

»Wir wollen ja deinen Käfer gar nicht mit Unverstand verfolgen, nur gehört er anderswohin, als in deine Tasche und auf den Tisch; trag ihn weg«, befahl die Mutter.

»Und du, Rikli«, winkte die Tante durch die offene Tür, »komm du wieder herein und gebärde dich nicht, als ob ein Käferchen dich gleich umbringen könnte. Sieh, wenn du fortwährend um solcher Kleinigkeiten willen ein so furchtbares Geschrei erhebst, so wirst du einmal gestraft werden, denn jeder wird denken, wenn er dich hört: das hat nichts zu bedeuten, und man sieht nicht nach dir, wenn dir auch wirklich etwas begegnen sollte, daß du mit allem Grund schreien könntest.«

Rikli kam herein und Fred wollte eben mit seinem Käfer hinaustreten; unter der Tür kamen sie zusammen. Fred sagte im Vorbeigehen: »Auf dich will ich einmal ein Gedicht machen, weil du so schöne Töne von dir gibst; du hast auch noch einen Bruder in der Kunst.«

»Ja, ja, Fred«, eiferte das Rikli, »man kann auch ein Gedicht darauf machen, wie die gräßlichen Käfer aus deiner Tasche kommen und mit so dünnen, furchtbaren Beinen über den Tisch kriechen.«

»Das kann man«, bestätigte Fred und ging, seinen Käfer in eine Schachtel einzulogieren.

Als die Kinder zusammenpackten, um sich zurückzuziehen, sagte die Mutter: »Morgen nachmittag habt ihr frei, da darfst du die kranke Nora besuchen, Emmi, und so immer an den freien Nachmittagen und auch am Sonntag; sie freut sich auf deinen Besuch.«

»Das ist doch ein Glück, daß Emmi endlich eine Freundin bekommt; so hört sie einmal auf, anderer Leute Freunde für sich in Anspruch zu nehmen«, sagte Oskar mit Befriedigung.

Emmi erwiderte nichts, sondern ging ganz ruhig ihrer Wege, sie hatte aber nicht im leisesten im Sinn, etwas von ihrer Freundschaft mit dem Fani abzugeben.

Als der Zug sich die Treppe hinauf nach den Schlafzimmern bewegte, voran Oskar, dann Emmi, dann die Tante und zuletzt die beiden Jüngsten nebeneinander, sagte

Fred, zu seiner Nachbarin gewandt: »So, jetzt paß einmal recht auf, Rikli!« Dann sang er mit lauter Stimme nach selbstgemachter Melodie:

»Das Rikli und der Hanseli
Sind ganz wie zwei Geschwister;
Sie singen wie die Amseli,
Nur unerhört viel wüster.«

Eben wollte das Rikli mit klagendem Geschrei die vergleichende Dichtung beantworten, als die Tante sich umkehrte und es bei der Hand nahm.

»Nein, Rikli, heute nicht mehr«, sagte sie bestimmt, »und lieber gar nicht wieder! Zeig du dem Fred, daß er völlig unrecht hat mit seiner Vergleichung.«

Wenn die Mutter nicht, wie so oft geschah, um diese Zeit zum heimgekehrten Vater oder zu Krankenbetten oder zu anderen Hilfsbedürftigen abgerufen wurde, so machte sie die Wanderung zu den oberen Räumen mit, und die Kinder konnten sich dann in Mutter und Tante teilen, um am Schluß des Tages noch alles, was ihnen auf dem Herzen lag, bei der einen oder anderen abzulegen. War aber, wie oft und auch heute, die Mutter abgerufen und die Tante allein zum Begleit da, so hatte sie sehr zu wehren, daß es zu keinem Kampf kam, denn jedes meinte, das andere habe die Tante länger an seinem Bette festgehalten. Heute kam es aber dem Fred auch gar zu arg vor, wie lange erst die Schwestern drüben und nun noch Oskar die Tante für sich behielten, und als sie endlich zu ihm herantrat, sagte er statt aller Mitteilungen: »Am liebsten wollte ich, Tante, man könnte dich in zwei Hälften teilen und dann mit vier multiplizieren, dann gäbe es für jeden zwei Tanten; so käme man doch einmal zu seinem Recht.« Die Tante wollte auch dem Fred sein Recht noch werden lassen, aber schon rief unten die Kathri mit solcher Dringlichkeit nach ihr, daß sie aufbrechen mußte, nicht ohne dem Fred zu versprechen, morgen abend zuallererst an sein Bett zu kommen.

Fünftes Kapitel.

Auf dem Eichenrain.

———

Als der Arzt vom Rhein seinem Freunde in Buchberg geschrieben hatte, er möchte für die kranke Nora eine geeignete Wohnung auf der gesunden Höhe seines Heimatortes auffinden, damit sie den Sommer zu ihrer Stärkung da zubringen könnte, hatte dieser die Sache gleich seiner Frau übergeben, die sofort mit der Tante zu beraten begann. Ihr erster Gedanke war das große Haus des Herrn Bickel gewesen, wo so viele unbewohnte Zimmer sich befanden, und sogleich war die Frau Doktorin hingegangen; aber sie war nicht gut angekommen. Frau Bickel hatte gleich erklärt, das sei ganz unmöglich, daß sie von ihren Zimmern hergeben könnten, die brauchten sie selbst; sie hatte auch kaum ihre Entrüstung verbergen können über ein solches Ansinnen, daß in die Zimmer, wo nie ein Mensch hereinkam, jetzt auf einmal ganz fremde Leute hinein sollten und da wohnen. Die Frau Doktorin hatte sanftmütig gesagt, Frau Bickel möge es ihr nicht übel nehmen, es sei nur eine Anfrage gewesen, es sei eben sehr schwer, eine Wohnung mit mehreren Zimmern zu finden. Frau Bickel hatte sich aber noch lange nicht beruhigen können und nachher noch von Zeit zu Zeit zu Herrn Bickel sagen müssen: »Es nimmt mich nur wunder, was eigentlich auch die Frau Doktorin meint; wir werden wohl unser Haus nicht für andere Leute gebaut haben!« Herr Bickel war auch gleich ihrer Ansicht gewesen und fügte zu diesen Bemerkungen immer bei: »Und dann noch für Leute, von denen man nicht einmal weiß, ob sie nur auch etwas haben, oder gar nichts. Da könnte man schön ankommen!« Der

Frau Doktorin war dann auf einmal ein Gedanke gekommen: auf dem Eichenrain stand seit dem Frühjahr ein neues Häuschen fertig, dessen ersten Stock der Bauer bezogen hatte, dem es gehörte; den oberen Stock sollte sein Sohn beziehen, der auf den Herbst seinen eigenen Haushalt gründen wollte; so standen die Zimmer noch leer. Das Haus stand auf der Höhe des Rains und hatte eine wundervolle Aussicht hinüber auf die grünen Hügel mit den Schneebergen dahinter und gegen Abend hinunter auf das rauschende Flüßchen im waldigen Talgrund. Augenblicklich war die Frau Doktorin nach dem Eichenrain hinaufgegangen, und zu ihrer Freude hatte sie in der kürzesten Zeit mit den willigen Bauersleuten alles festgestellt; wenige Tage nachher sahen durch ihre Beisteuer an Betten und Möbeln die sauberen, hellen Stübchen ganz wohnlich und einladend aus und standen zum Empfang der Fremden bereit.

Jetzt waren schon einige Tage vergangen, seit Frau Stanhope mit ihrem kranken Töchterchen eingezogen war, und nur der Herr Doktor und auch einmal seine Frau waren noch dagewesen, denn Nora war von der Reise so angegriffen, daß sie noch keinen Besuch hatte empfangen dürfen. Aber auf heute war ihr Emmis Besuch von ihrem Vater versprochen worden, und nun saß Nora an dem Fenster, das gegen Abend ging, wo sie immer am liebsten saß. Von dort konnte sie auf die hellen, schäumenden, rastlos wandernden Wellen des Bergflusses sehen, und gegen Sonnenuntergang schaute sie so gern nach dem leuchtenden Abendhimmel und den golden schimmernden Hügeln davor.

Jetzt erblickte Nora ein Mädchen, das den Hügel herauf ihrem Hause zueilte. Sollte das die Emmi sein? Mit größter Verwunderung sah Nora, wie das Kind, ohne abzusetzen, in Sprüngen den ganzen Rain heraufgerannt kam. Das war ihr unbegreiflich; sie meinte, nun müsse es umfallen vor Erschöpfung. Aber im nächsten Augenblick klopfte es, und hereingelaufen kam dasselbe Kind mit glühend roten

Wangen und einem großen Strauß von roten und blauen Blumen in der Hand, den ein dicker, runder Arm sofort der blassen Nora entgegenstreckte. Die Eingetretene war Emmi. Frau Stanhope begrüßte sie freundlich und hieß sie sich zu Nora hinsetzen, die dankend den Strauß in Empfang genommen hatte. Die beiden Kinder boten einen sehr verschiedenen Anblick dar, wie sie so einander gegenübersaßen. Die rotbackige Emmi, mit ihren vollen, runden Armen und dem ungestümen Leben in jeder Bewegung, ließ die zarte, schmächtige Nora noch schmaler und durchsichtiger erscheinen, so als könnte ein leiser Windhauch sie wegwehen wie ein zartes Rosenblättchen. Frau Stanhope schaute eine kleine Weile auf die Kinder, dann wurden ihre Augen naß und sie ging in das anstoßende Zimmer hinüber.

»Wo hast du die frischen Blumen geholt?« fragte jetzt Nora ihren Gast.

»Auf der Wiese, jetzt im Herkommen«, entgegnete Emmi; »o, jetzt hat es so viele rote Margeriten und Glitzerblumen und blaue Vergißmeinnicht, o, so viele, du solltest nur sehen, ganze Büsche! Sobald du gesund bist, gehen wir miteinander in die Vergißmeinnicht und dann in die Erdbeeren und nachher in die Heidelbeeren.«

Nora schüttelte den Kopf, und mit großen, ernsten Augen sagte sie: »Darauf kann ich mich nicht freuen.«

Emmi war sehr erstaunt, denn sie kannte nichts Herrlicheres; doch jetzt kam ihr ein erklärender Gedanke.

»Das kennst du gewiß alles gar nicht, Nora, vielleicht hat es bei euch keine Vergißmeinnicht und Erdbeeren, aber wart nur, bis du kommen kannst, du wirst dich einmal freuen! Du begreifst nicht, wie es dann zugeht; man kann fast nicht mehr heim, so schön ist's dann immer.«

»Ja, man meint nur immer, es ist so schön draußen«, sagte Nora nachdenklich; »aber wenn man draußen ist, wird man gleich so müde, so schrecklich müde, und alle Freude ist aus.«

Emmi schaute so verwundert auf die Nora, als spreche diese auf einmal eine Sprache, die ihr völlig unverständlich war. Emmi war niemals müde; jeden Abend war ihr größtes Leid, daß der Tag schon wieder zu Ende war und sie nicht noch dahin und dorthin rennen konnte, auch wenn sie schon den ganzen Tag umhergerannt war. In ihrer großen Verwunderung schaute sie die Nora eine ganze Weile an. Da mußte ihr denn aus ihrem Anblick ein Gedanke klar geworden sein; auf einmal sagte sie ganz erleichtert: »O, jetzt weiß ich schon, warum du das meinst; weißt du, du bist nun krank, aber wart nur, bis du wieder gesund bist, dann kommt's ganz anders, dann hast du's wie ich und wirst gar nie mehr müde.«

Aber Nora schüttelte wieder den Kopf: »Das war nie so bei mir, ich war immer müde, ich kann mich gar nicht darauf freuen, daß es so werde, wie bei dir; es kommt doch nicht.«

Der Emmi wurde es ganz angst. »Ja, aber du mußt dich doch auf etwas freuen können, man muß doch jeden Abend an etwas denken, worauf man sich freuen kann für den folgenden Tag; und darum mußt du es glauben, daß dich mein Papa ganz gesund machen wird, sonst kannst du dich ja auf gar nichts freuen, und dann wirst du immer trauriger.«

»Ich freue mich schon auf etwas, und immer wenn ich so müde bin und die anderen so lustig springen sehe, wie dich eben den Berg hinauf, denk' ich daran und freue mich darauf, wie es dann im Himmel ist, noch viel schöner, als hier; so schöne Blumen sind dort, Rosen und Lilien, die gar nie welken, und alle Menschen sind froh und gesund für immer. Freust du dich nicht auch, in den Himmel zu gehen?«

Emmi wußte nicht recht, was sagen. Sie glaubte schon, daß es im Himmel so schön sei, aber sie wollte eigentlich doch lieber dableiben; da gab es ja so vieles für sie, sich daran zu freuen, daß sie gar nicht darüber hinauskam. Nora schaute sie erwartend an, sie verlangte sichtlich nach ihrer Antwort. Endlich sagte Emmi: »Ich habe noch nie daran gedacht.«

Enttäuscht schaute Nora auf ihre neue Freundin.

»Das ist schade«, sagte sie mit einem Tone großer Niedergeschlagenheit; »nun kann ich auch mit dir nicht von dem schönen Leben im Himmel reden, von dem mir Klarissa so viel erzählt hat, weil es dich nicht freut, und mit gar niemand kann ich davon reden, denn Klarissa kommt nicht hierher, und zu Mama darf ich gar nicht davon sprechen; wenn ich nur ein Wort vom Himmel sage, so muß sie gleich weinen und wird so traurig, daß ich nichts mehr sagen darf. Dann habe ich gedacht, mit dir könnte ich ganz fröhlich darüber reden, wie mit der Klarissa, aber nun hast du keine Freude daran.«

Emmi antwortete nicht gleich. Sie grübelte sichtlich nach, wie da ein Mittel zur Ausgleichung zu finden wäre. Auf einmal rief sie hoch erfreut aus: »Jetzt weiß ich etwas, und darauf kannst du dich auch freuen. Nun währt es gar nicht mehr lange, so fängt man an zu heuen; dann liegen die schönen, trockenen Heuhäufchen auf der Wiese herum und man kann gehen und hineinliegen; da kannst du gar nicht müde werden, und wir gehen alle Tage miteinander ins Heu.« Aber Nora schüttelte ungläubig den Kopf und sagte nichts mehr. Nach einer kleinen Weile stand Emmi auf und schickte sich zum Fortgehen an. Unterdessen war Frau

Stanhope wieder hereingetreten, und als sie nun das Kind zum Weggehen gerüstet sah, meinte sie, damit habe es doch noch keine Eile; die Mutter wisse ja schon, wo Emmi sei, sie solle sich doch noch ein wenig niederlassen. Nora blieb ganz still und unterstützte das Gesuch der Mutter nicht, und Emmi schien sehr pressiert zu sein; sie behauptete ein wenig unsicher, es sei doch schon ziemlich spät, und hatte kaum mehr Zeit, recht Abschied zu nehmen. Draußen vor der Tür nahm sie einen großen Anlauf und rannte dann ohne Aufenthalt bergab und wieder bergan und langte so bald darauf keuchend daheim an der Haustreppe an. Hier kam ihr in den Sinn, daß sie eigentlich viel früher wieder da sei, als sie und alle anderen im Haus erwartet hatten, und daß gewiß die Brüder einige Bemerkungen über ihre schnelle Rückkehr machen würden, die sie gar nicht wünschte. Sie überlegte, wie sie sich am besten aus der Sache ziehen könne. »Die Tante suchen«, kam ihr gleich als hilfreiches Mittel in den Sinn. Ihr wollte sie alles erzählen, wie der Besuch abgelaufen war – eigentlich nicht so, wie sie sich vorgestellt hatte – und wie sie so gegen das Ende nicht mehr recht gewußt habe, was sie mit der Nora reden sollte. Die Tante würde gewiß gleich verstehen, wie es war, und dann die Sache schon zurechtlegen, daß die Brüder nicht spotten konnten. Sie sprang also die Treppe hinauf, stieß aber gleich darauf mit dem Bruder Fred zusammen, der von oben heruntergerannt kam.

»Aha, da hat's was gegeben mit der neuen Freundin, sonst wärst du noch lang' nicht da«, rief Fred im Vorüberrennen. Emmi gab keine Antwort und lief der Stube zu. Eben trat die Mutter heraus, denn sie war in die Küche gerufen worden, und drinnen im Zimmer saß die Tante allein am Nähtisch. Eilig drückte sich Emmi an ihre Seite, damit nicht eins der Geschwister komme und ihr den Platz raube, bevor sie ihre Angelegenheit bei der Tante niedergelegt hatte.

Draußen in der Küche stand die Marget; die Frau Doktorin stellte ihr einen Stuhl zum Tisch hin und schaute nach, ob sich nicht noch ein wenig Kaffee vorfinde, und da sie noch solchen fand, setzte sie der Marget eine Tasse voll vor, setzte sich dann zu ihr hin und sagte: »Nehmt Euch einen Augenblick Zeit, Marget; ich hätte schon lang' gern einmal mit Euch geredet. Es ist nicht nur um der Sachen willen, daß ich Euch habe kommen lassen, es ist um des Elsli willen. Das Kind liegt mir recht am Herzen; es sieht gar zu zart und bleich aus, und immer sehe ich es mit dem schweren Hanseli auf dem Arm, und die anderen kleinen Brüder hangen daneben noch so an ihm, daß sie es fast zu Boden reißen. Das kann das zarte Kind gewiß nicht lange aushalten; seht es nur auch an, es ist ja zum Umblasen dünn und schmächtig. Ihr müßt wirklich zusehen, daß das Kind den kleinen Buben nicht mehr immer auf dem Arm halten und die anderen beiden noch dazu fortschleppen muß.«

»Ja, ja, Frau Doktorin, das ist bald gesagt«, fiel jetzt die Marget ein; »aber was kann denn unsereins machen? Ich habe alle Hände voll zu tun vom Morgen bis in die Nacht hinein, daß nur auch jedes täglich etwas auf den Leib und etwas in den Löffel hat; da kann ich nicht noch alle die kleinen Schreihälse auf mir haben; wie sollte ich dann arbeiten? Da ist aber niemand, als das Elsli, das mir mit ihnen helfen kann; wer sollte es tun? Der große Bub', der Fani, könnte ihm etwa helfen, aber er vergißt's, er ist nicht bösartig, aber er denkt nicht dran und ist nie da. Das Kind hat es ein wenig streng, ich weiß schon, aber es muß sich gewöhnen, es kommt ja später nur immer strenger.«

»Aber Marget«, nahm die Frau Doktorin wieder auf, »das Kind ist nicht kräftig, wie jedes andere, es hält diese

Lebensart nicht aus, und wenn es Euch krank und elend wird, was habt Ihr dann?«

»Ja, dann in Gottes Namen, ich weiß nicht, was dann; unsereins hat genug an dem, was jetzt gerade zu tragen ist, und kann nicht noch für das sorgen, was kommen kann. Ich weiß nur, daß ich dem Elsli nicht ersparen kann, daß es jetzt dran muß, und je älter es wird, je schwerer wird's kommen, denn sobald es einen Batzen verdienen kann, muß es in die Fabrik, das ist keine leichtere Arbeit als die Buben hüten. Da kommt aber zuerst der Fani dran; der Vetter Fekli hat den schon im Aug' für Ostern, er hat mir schon zwei-, dreimal gesagt, er wolle sobald als möglich an dem Buben etwas tun und ihn in die Fabrik nehmen. Freilich, wenn der Schneiderli-Fekli nicht seinen Profit absähe bei der Arbeit des Buben, so nähm' er ihn nicht, das weiß ich schon; ohne Profit tut der Vetter Fekli nichts.«

»Seid ihr wirklich verwandt mit dem Herrn Bickel, Marget?« fragte die Frau Doktorin.

»Freilich bin ich«, gab Marget zurück; »wir sind nur zu dritten Kindern, vom Großvater her. Er hat es jetzt ein wenig vergessen, seit er ein Herr ist; aber das ist mir ganz gleich, ich tue, wie ich's gewohnt bin, und wenn ich ihn sehe, so sage ich: ›Guten Tag, Vetter!‹ Und wenn er sich dann ein wenig umkehrt, so als habe er nichts gehört, und nachher mich so begrüßt, als wisse er kaum recht, wie ich heiße, so ist das seine Sache. Mir ist's recht, daß er den Fani so gut kennt und ihn im Auge hat; so kann man bald auf einen Batzen bares Geld hoffen, es ist gewiß notwendig.«

Jetzt holte die Frau Doktorin den Sack herbei, den das Elsli dagelassen und in den die verschiedenen Kleidungsstücke gesteckt worden waren, und übergab ihn der Frau.

»Aber denkt doch daran, Marget«, sagte sie, als diese sich zum Weggehen anschickte; »schont das Kind, wo Ihr könnt; versprecht es mir, ich helfe Euch ja auch gern, wo ich kann.«

»So viel ich's kann, will ich's schon tun«, versprach die Marget, setzte aber gleich hinzu: »Sie müssen aber ja wohl begreifen, daß ich meiner Arbeit nach muß, und es muß eben mit den Buben fertig werden, wie es kann. Jetzt sind wir alle gesund, und doch braucht's alle Hände, daß nur jedes sein bißchen Essen bekommt jeden Tag. Was kann ich da viel erleichtern? Kommt einmal wieder Krankheit ins Haus, wie auch schon, da muß ja jedes noch ganz anders dran. Kann ich das ändern? Mich trifft's zuerst. Es weiß eben kein Mensch, wie die Armut tut, der nicht da durchgegangen ist, und ich muß manchmal denken: Unserem Herrgott sind seine Kinder nicht alle gleich lieb.«

»Nein, Marget, das müßt Ihr nicht denken«, sagte die Frau Doktorin mit sanftem Ton, denn das schwere Leben der armen Leute ging ihr sehr zu Herzen. »Es gibt noch viel andere Leiden außer der Armut, die noch bitterer weh tun können. Der liebe Gott muß wissen, warum sie uns kommen müssen. Aber ich weiß auch, daß die Armut bitter ist, und es ist mir schwer genug, daß ich nicht überall helfen kann, wie ich möchte.«

Die Marget nahm nun ihren Sack zusammen und ging.

Mit schwerem Herzen trat die Mutter in die Stube zurück; sie fühlte wohl, daß nach wie vor das Elsli seine Last herumzuschleppen hatte und daß das Kind mit dem schmächtigen Körperchen das nicht lange aushalten würde. Sie setzte sich seufzend neben die Tante hin, um bei ihr den drückenden Eindruck niederzulegen, den sie von den Worten der Marget, das Elsli betreffend, empfangen hatte. Die Tante hatte ja auch immer irgendeinen tröstlichen

Gedanken und eine erheiternde Aussicht in allen schwierigen Lagen des Lebens. Aber bevor noch Emmis immer noch strömende Mitteilungen gedämpft waren und die Mutter beginnen konnte, steckte die Kathri den Kopf zur Tür herein und rief: »Frau Doktorin, Sie müssen herauskommen, es ist schon wieder eine da!«

»Eine! Wer denn, Kathri?« fragte die Frau Doktorin mit leisem Vorwurf. »Wer ist es denn?«

»Ja, wenn ein Mensch solche Namen behalten könnte!« gab die Kathri zurück.

»Ist es etwa Frau Stanhope, die Ihr so draußen stehen laßt?« fragte die Tante.

»Gerade die ist's«, bestätigte die Kathri und fuhr ärgerlich fort: »Wenn sie Hopfstange hieße, so könnte man sich doch noch etwas denken dabei; aber so auf den Kopf gestellt kann kein Mensch einen Namen behalten.« Von dem Augenblick an wußte aber die Kathri den Namen der Dame ganz genau, denn das Bild von der Hopfenstange, die auf dem Kopf steht, kam ihr nun immer gleich in den Sinn.

Die Mutter war hinausgegangen und hatte Frau Stanhope ins gute Zimmer geführt. Diese kam, um die Frau Doktorin zu fragen, ob sie ihr nicht einen jungen Boten verschaffen könnte, der ihr die vielen Kleinigkeiten, die man immer bedürfe, täglich ein paarmal zu besorgen käme, da das Dienstmädchen unmöglich so viel auf der Straße sein könnte. Es wäre ja vielleicht ein Kind zu finden, das zwischen den Schulstunden durch Zeit zu dieser Tätigkeit hätte.

Augenblicklich stand das bleiche Elsli vor den Augen der Frau Doktorin und sie überdachte gleich, wieviel besser es für das Kind sein würde, eine Zeitlang leicht und frei herumlaufen zu können, anstatt immerfort unter seiner

Bürde zu bleiben. Auch dachte sie sich, wenn dadurch täglich einige Batzen in die Hände der Marget gelangten, würde diese wohl suchen, die Sache möglich zu machen.

»Ich wüßte ein sehr nettes, anständiges kleines Mädchen, das Ihnen gefallen würde«, sagte jetzt die Doktorsfrau; »nur bin ich nicht ganz sicher, ob die Mutter ihre Einwilligung dazu gibt, sie kann selbst das Kind gut brauchen daheim.«

»Versprechen Sie ihr einen guten Lohn«, sagte Frau Stanhope erfreut, »am allerliebsten möchte ich ein solches Mädchen haben; es soll die Mutter nicht gereuen, sie soll nur sagen, was sie haben will.«

Diese Aussicht für das Elsli erfreute das eben noch so bekümmerte Herz der Frau Doktorin so sehr, daß sie gleich selbst noch zu der Marget hingehen und womöglich die Sache in Ordnung bringen wollte. Sie begleitete denn auch Frau Stanhope ein gutes Stück Weges und lenkte dann in den Feldweg ein, der zum Häuschen des Tagelöhners Heiri führte.

Die Marget war allein zu Hause und stand am Waschtrog. Hier stellte die Frau Doktorin sich neben sie hin und fing an, die Sache mit ihr zu besprechen. Es ging nicht lange, so waren die Frauen einig, denn die Marget fand bald, ein wenig bares Geld, das ihr ja immer mangelte, helfe ihr in manchem nach und sie könne dann selber eher etwa zu den Kindern sehen; auch sei ja das Elsli damit nicht aus der Welt, meinte sie. So wurde festgesetzt, gleich am folgenden Tag sollte das Elsli nach der Schule um elf Uhr sich bei der Frau Stanhope einfinden, um seine neue Tätigkeit anzutreten.

Am späteren Abend, als Mutter und Tante noch beieinander saßen und die Strümpfe stopften, erkundigte sich die Mutter, was die eifrigen Mitteilungen der Emmi gewesen seien, und vernahm nun, daß der Besuch bei der kranken Nora ganz fehlgeschlagen hatte, daß Emmi ganz überzeugt sei, die Nora begehre nicht, daß sie wiederkomme, daß ihr selbst das aber im geringsten nichts mache, sondern daß sie froh sei darüber, denn sie habe gar nichts mehr zu reden gewußt mit der Kranken und diese habe auch nichts mehr gesagt. Das war nun ein ganz neuer Fall für die Mutter und setzte sie sehr in Erstaunen, denn bis jetzt war der Emmi noch nie das Wort ausgegangen in keinerlei Gesellschaft, und die Sache war der Mutter nicht recht, denn sie hatte sich so in den Gedanken eingelebt, Emmi könnte der armen Kranken manche fröhliche Stunde bereiten, und wiederum könnte der Umgang der feinen Nora auf das etwas laute und unruhige Wesen der Emmi einen sehr heilsamen Einfluß ausüben. Für einmal konnte da nun nichts getan werden, die Sache zu ändern; doch meinte die Mutter, es könne ja von selbst noch ganz anders kommen, die Freundschaften unter den Kindern schließen sich wohl manchmal auf der Stelle, aber andere Male müssen sich diese auch erst eine Zeitlang aneinander gewöhnen. Die Tante schüttelte zwar den Kopf zu dieser Hoffnung, denn was ihr Emmi erzählt hatte, machte ihr ganz den Eindruck, als gingen diese zwei Wesen in allen ihren Anlagen und Bestrebungen, ihren Freuden und Interessen so weit auseinander, daß sie nie zusammenkommen könnten. Dann besprachen die Schwestern noch Elslis neue Aussichten, und die Mutter war ganz glücklich in dem Gedanken, daß sie ein paar Wochen lang nicht mehr den schweren Hanseli auf dem Arm des fast zusammenbrechenden Kindes erblicken müsse.

Sechstes Kapitel.
Die Tante wird neuerdings in Anspruch genommen.

———

Am folgenden Tag trat das Elsli nach elf Uhr ganz leise in das Haus auf dem Eichenrain ein. Die Tür des Wohnzimmers stand offen, und Nora, die in ihrem Sessel saß, schaute eben auf die Seite der offenen Tür hin und erblickte auf einmal das Elsli; hereintreten hatte sie es nicht gehört. Nora schaute erstaunt nach dem Kinde hin. Das Elsli sah anmutig aus; es hatte sich heute sorgsam seine hellbraunen Haare glatt gestrichen, nur um die Stirn herum kräuselte es sich leicht. Die Mutter hatte auch ein sauberes Schürzchen und ein Tüchlein um den Hals erlaubt, weil es zu der Herrschaft gehen mußte. Das schmale Gesichtchen war blaß und sah ernsthaft aus, schüchtern schauten die sanften blauen Augen zu Nora hin. Sie konnte sehen, das Kind wußte nicht, ob es in das Zimmer eintreten durfte oder nicht.

»Komm«, winkte ihm Nora, und als nun das Elsli vor sie getreten war, ebenso leise, wie es seinen Eintritt ins Haus gemacht hatte, fragte sie: »Bist du das Kind, das die Ausgänge für uns machen soll?«

Elsli bejahte es. Seine Stimme hatte einen leisen, weichen Ton und das ganze Elsli hatte etwas Leises, Zartes an sich, das der Nora gefallen mußte. Auf einmal streckte sie ihm ihre Hand entgegen und sagte: »Komm, sitz hier zu mir her, wir wollen ein wenig reden miteinander.«

Das Elsli gehorchte.

71

»Nicht wahr, du heißest Elsli?« fing die Nora wieder an. »Die Mama hat dich kommen lassen, daß du Seide holst und Eier und Bleistifte für mich und noch einiges; aber jetzt kannst du schon noch ein wenig hier bei mir bleiben; oder wirst du dann etwa zu müde, wenn du noch alles holen mußt vor Mittag?«

»O nein, davon werde ich nicht müde«, entgegnete das Elsli, »ich würde schon anders müde daheim, denn ich müßte gleich mit den Buben hinaus und den Hanseli auf den Arm nehmen.«

»O dann weißt du gewiß gut, wie es ist, wenn man müde ist, so recht müde, nicht wahr?« fragte Nora ganz gespannt.

»O ja, das weiß ich schon ganz gut«, versicherte das Elsli. »Ich bin fast immer müde, aber manchmal so stark, daß ich am liebsten nur niederliegen wollte und gar nicht mehr aufstehen. Der Hanseli wird jetzt so furchtbar schwer, daß ich ihn fast nicht mehr tragen kann; aber er will nicht auf den Boden, er will auf meinem Arm sein, sonst schreit er ganz laut und wird furchtbar bös.«

»O Elsli, so weißt du so gut, wie es ist, so schrecklich müde zu sein!« rief Nora ganz erfreut aus über das Verständnis, das sie gefunden hatte. »O ich bin so froh, jetzt kann ich so gut mit dir von allem reden, du weißt nun ganz, wie es ist. Ja, nicht wahr, man möchte nur niederliegen und gar nicht mehr aufstehen, bis etwas ganz anderes käme, etwas ganz Neues, daß man nicht mehr müde sein könnte, nicht wahr, Elsli?«

»Es käme nichts Neues, zuletzt müßte man doch wieder aufstehen«, meinte das Elsli.

»Nein, ich meine nicht so, wie du meinst; ich meine: niederlegen und sterben, möchtest du nicht auch gern sterben Elsli?«

»Nein, ich meine, ich wollte lieber nicht, ich habe nie daran gedacht. Warum meinst du?«

»O, dann weißt du nur nicht, wie es dann sein wird. Die Klarissa hat mir alles so schön erzählt, und wir haben immer miteinander davon geredet. Aber mit Mama darf ich nie davon reden, sie weint gleich so schrecklich und wird traurig für viele Tage. Aber dir will ich nun alles erzählen, und du wirst sehen, wie du dich freuen wirst, in den Himmel zu gehen. Und das schöne Lied von der Klarissa will ich dich auch lehren; soll ich dir's gleich jetzt sagen?«

Elsli war ganz bereit, das Lied anzuhören; aber jetzt trat Frau Stanhope in das Zimmer ein und begrüßte das Kind mit einigem Staunen, denn sie konnte sich nicht erklären, wie es kam, daß die beiden Kinder so nah zusammensaßen und so vertraut miteinander redeten, als hätten sie sich schon lange gekannt. Noch mehr aber mußte sie sich verwundern, als Nora gleich sagte: »O Mama, nicht wahr, mit der Seide kannst du schon warten, und die Bleistifte brauch' ich gewiß heute nicht, und nach den Eiern habe ich auch schon keine Lust mehr, und das andere kann ja wohl nachher das Küchenmädchen besorgen; ich wollte so gern, daß Elsli jetzt bei mir bliebe.«

»Gewiß soll das Kind bei dir bleiben, wenn es dir Freude macht«, sagte die Mutter, selbst erfreut, daß die gewöhnlich teilnahmlose Nora einmal wieder mit Lebhaftigkeit nach etwas verlangte. »Überdies«, fügte sie hinzu, »kommt auch am Abend das Kind wieder, da bleibt immer noch Zeit zum Ausgehen.«

Diese Mitteilung machte die Augen der beiden Kinder zu gleicher Zeit aufleuchten. Nora sah die langen, bangen Stunden des Tages von einem neuen, herzerwünschten Verkehr belebt; dem Elsli kam es vor wie ein großes Fest, so in Ruhe und Stille neben der Nora sitzen zu dürfen, die so freundlich zu ihm war. Da die Mutter aber dablieb, fing Nora nicht mehr von ihrem Lied zu reden an; sie wußte ja so gut, was die Mutter betrübte, und wich sorgfältig aus, ihr von diesen Dingen zu sprechen. Das machte aber die Nora oft stiller, als die Mutter wünschte, denn in seinen Gedanken bewegte das Kind immer wieder alles, was die gute Klarissa schon seit langer Zeit mit den lebendigsten Farben in sein Herz einzuprägen gesucht hatte. Klarissa war erfahren in vielen Dingen; sie hatte den Zustand der hinschwindenden Nora wohl erkannt und wollte dem Kinde das Land, wohin es ging, so lieb machen, daß es ihm nicht schwer werden sollte, von der Erde wegzugehen. Und da die Liebe und Hoffnung zu jenem Lande das Leben der Klarissa selbst erfüllten, war es ihr nicht schwer geworden, sie auch in dem empfänglichen Herzen der Nora wachzurufen.

Das Elsli sollte nun von seinem Leben daheim und von seinen Geschwistern erzählen, und dadurch kam es denn gleich auf seinen Bruder Fani zu sprechen und hörte gar nicht wieder auf damit, solange es überhaupt erzählen mußte. Für den Fani hatte das Elsli eine solche Liebe und Bewunderung, daß es nie genug bekam, zu schildern, wie gut und nett und wie geschickt der Fani sei und wie er ihm in seinen Schularbeiten beistehe und wie es gar nicht wüßte, wie es ohne den Fani leben könnte. Es könnte dann auch gewiß nie mehr fröhlich sein; aber wenn es noch so müde und traurig sei und der Fani dann heimkomme, so könne er es gleich wieder froh machen, weil er selber immer so sei und so schöne Sachen immer vor sich sehe in der Zukunft, und so voller Freude und Erwartung davon reden könne, daß es auch gleich das Vertrauen ins Herz bekomme, wenn es gerade noch gedacht habe, es könne nie, nie mehr froh werden und es müsse immer Angst und Sorge haben und so müde sein.

Frau Stanhope hörte gern zu, wie das Elsli mit seiner leisen Stimme und dem sanften Ausdruck der tiefblauen Augen von seinem Leben erzählte.

Nora folgte ganz gespannt jedem Worte, das es sprach; sie dachte sichtlich den Worten viel weiter nach, als das Elsli selbst tat im Erzählen, und man konnte sehen, daß sie mit dem größten Interesse und Wohlgefallen Elslis Mitteilungen anhörte. Als Frau Stanhope zuletzt sagte: »Du kannst nun nach Hause gehen, Kind, nach vier Uhr erwarten wir dich wieder«, da fügte die Nora gleich bei: »Komm dann auch bald, Elsli, und sag deiner Mutter, daß du erst um acht Uhr heimkommst.«

Elsli versprach, gehorsam alles zu tun, und ging mit frohem Herzen davon; es hatte erwartet, die fremde Kranke würde kaum mit ihm reden und es müßte nur allerlei Sachen herbeiholen. Nun war das kranke Kind so freundlich zu ihm gewesen, und die Dame, vor der es sich ein wenig fürchtete, auch, so daß es ein großes Dankgefühl im Herzen hatte. Um vier Uhr lief das Elsli schleunigst vom Schulhaus weg und sagte nicht einmal der Emmi Lebewohl, vor Furcht, es könnte noch aufgehalten werden, und es hatte ja versprochen, sogleich nach dem Eichenrain zu kommen. Die Befürchtung war auch nicht umsonst: es hörte, wie jemand ihm mit aller Macht nachrannte und seinen Namen rief. Es war der Feklitus, Elsli kannte seine Stimme wohl.

»Wart! wart! Willst du warten, wenn ich etwas mit dir will?« rief er befehlend hinter ihm her.

»Nein, nein, ich kann nicht«, rief das Elsli zurück, »ich habe versprochen«, und es rannte davon wie ein Reh. Eine Zeitlang rannte der Feklitus nach, sichtlich in großem Zorn, der ihn zu fortwährenden Drohworten drängte, die er dem Elsli nachrief, was aber seinen Lauf nur erschwerte;

keuchend und zornglühend stand er endlich still und erkannte nun, daß er das dahinfliegende Elsli doch nicht erreichen würde. Nun kehrte er grollend um, er hatte sichtlich einen besonders triftigen Grund gehabt, dem Kinde nachzulaufen, um so mehr war er über die vereitelte Bemühung ergrimmt.

Das Elsli mußte erst lang Atem holen, ehe es in das Haus auf dem Eichenrain eintreten konnte; denn es war ohne Aufenthalt aus allen Kräften dahingelaufen, aus Angst, der Feklitus komme ihm noch nach und wolle es zwingen, etwas anderes zu tun.

Nora hatte schon lang am Fenster nach ihm ausgeschaut. Als sie es heranrennen und nun stillstehen sah, rief sie ihm voller Verlangen zu: »Komm, Elsli, komm, du kannst schon hier oben ausruhen, du mußt nicht mehr auslaufen.«

Das Elsli gehorchte. Nora war ganz allein oben im Zimmer und hieß voller Freuden Elsli willkommen. Es mußte sich gleich wieder zu ihr hinsetzen, und sie erklärte ihm nun, daß es gar nicht ausgehen müsse; sie habe die Mutter gebeten, daß es bei ihr bleiben dürfe den ganzen Abend, und die Mutter habe es gern erlaubt; diese sei nun auch selbst ein wenig fortgegangen, was sie sonst nie tun wolle, wenn Nora allein sei.

»Jetzt habe ich dir auch so viel zu sagen, Elsli«, fuhr Nora fort; »du hast wohl gar noch nie daran gedacht, wie es dann sein wird, wenn wir von der Erde weggehen und in den Himmel kommen?«

Das Elsli schüttelte den Kopf. »Nein, das habe ich nicht.«

»O! o!« fuhr Nora ganz belebt fort, und während des Sprechens wurde sie immer lebendiger: »Da weißt du vielleicht gar nicht, wie schön es dann sein wird? Viel schöner als alles, was du bis jetzt gesehen hast, und gar keine kranken Menschen gibt es mehr da, nicht einen, und keiner ist mehr müde, alle sind so glücklich, und hier und da am Strom unter den Blumen treffen sie sich an und freuen sich; – aber wart, ich will dir das Lied der Klarissa sagen, du wirst sehen, wie schön da alles ist.«

Die großen Augen der Nora wurden immer glänzender und ein immer tieferes Rot kam auf ihre sonst so blassen Wangen, während sie ihr Lied sagte:

»Es fließt ein Strom kristallenklar
Durch immer grüne Auen,
Da glänzt der Lilien weiße Schar
Im Duft, dem himmelblauen,

Und Rosen duften, Rosen glühn
Auf sonnengoldner Wiese,
Und Vögel jauchzen laut im Grün:
Wir sind im Paradiese!

Und immer milde Lüfte wehn
Auf all den Blumenwegen,
Und Menschen wie im Traume gehn
Und kommen sich entgegen,

Und grüßen sich allüberall
In Staunen und in Wonne.
Sie kommen aus dem dunkeln Tal
Ins Land der ew'gen Sonne,

Und ziehen selig hin und her
Und wissen nichts von Leide,
Die kennen keine Tränen mehr,
Die kennen lauter Freude.«

Das Elsli schaute immer verwunderter auf die Nora, die
ganz verändert aussah mit ihren glänzenden Augen und
dem so ungewohnt belebten Angesicht. Dazu war Nora so
von dem erfüllt, was sie durch die Worte ihres Liedes vor
sich sah, daß ihre Stimme zitterte vor innerer Bewegung.
Das Elsli blieb stumm und regungslos sitzen vor Erstaunen
und tiefgehendem Eindruck von all dem Neuen.

»Gefällt dir denn das Lied nicht, Elsli?« fragte Nora nach
einer längeren Pause.

»O doch, gewiß«, versicherte das staunende Kind.

»Wolltest du denn nun nicht auch gern mit mir dorthin
gehen, wo es so schön ist?« fragte Nora weiter.

»Gehst du denn?« fragte Elsli seinerseits etwas unsicher.

»Ja, ich gehe«, entgegnete Nora ganz zuversichtlich; »Klarissa hat mir schon lange davon erzählt, wie Philo gegangen ist und ich dann bald auch gehe. O, und so viel hat sie mir noch erzählt, wie schön es dann sein wird und wie alle Müden sich freuen und herumgehen am Strom und durch die Blumen und nie, nie mehr müde werden. Das erzähl' ich dir dann alles nach und nach, und noch so vieles! Nicht wahr, Elsli, du siehst nun, wie es ist, und du willst auch am allerliebsten mit mir gehen, wenn ich gehe?«

»Ja, ich möchte wohl«, sagte das Elsli, mehr und mehr von den beglückenden Hoffnungen hingerissen, die in Noras Augen leuchteten; »aber glaubst du denn, wir könnten nur so gehen, wann wir wollten?«

»O nein! So ist es nicht, Elsli; der liebe Gott ruft jedes, wann es kommen soll. Ich wollte nur wissen, ob du auch so gern gehen willst wie ich, daß wir so recht miteinander reden können davon; und vielleicht ruft uns der liebe Gott gleich beide miteinander, weil du ja auch so müde bist. Klarissa hat mir gesagt, darum wisse sie, daß der liebe Gott mich bald zu sich rufen wolle. Denk, Elsli, wie schön, wenn wir beide zusammen gingen und miteinander in den schönen Himmel kämen und da so froh und ganz gesund immer zusammen umhergehen könnten durch die Rosen und Lilien an dem glänzenden Strom, und nie, nie mehr müde werden könnten!«

Auch Elslis Augen wurden jetzt immer größer, denn immer lebendiger sah es das Land in seiner Herrlichkeit vor sich, von dem Nora immer weiter sprach und so viele schöne, herzerfreude Dinge zu erzählen wußte, daß dem gespannt lauschenden Elsli eine ganz neue Welt aufging und den Kindern beiden die Stunden verrannen, daß sie es gar nicht merkten.

Während die zwei so in der Stille zusammensaßen, ging es im Hause des Arztes ziemlich laut und lebendig zu. Nach der Schule waren Oskar, Emmi und Fred sofort auseinandergestoben und nach drei verschiedenen Richtungen hingerannt; jeder mußte ein eigenes Interesse im Auge haben. Fred lief nach Hause, er hatte schon den ganzen Tag im Sinn gehabt, der Tante eine höchst spannende Darstellung von einem wenig bekannten Tierlein vorzulesen, und war nie dazu gekommen. Nun er die beiden Ältesten so davonrennen sah, war er sehr erfreut und eilte nun aus allen Kräften, die Lage zu benutzen. Als er auf dem Wiesenweg den Feklitus erblickte, wie er mit Rufen und Drohen hinter dem fliehenden Elsli dreinsprengte, rief ihm Fred mit pfiffigem Lächeln nach: »Feklitus, gelt, es ist gut, daß es ein Elsli gibt, vor dem man sich nicht genieren muß?« Denn der Fred hatte herausgefunden, daß der Feklitus immer, wenn sich bei ihm eine Schwierigkeit des Verständnisses gezeigt hatte, nachher gleich dem Elsli nachsetzte; daraus zog er den Schluß, daß der Feklitus eine Aufklärung suche, aber vor den Großen der Schule nicht die Rede haben wollte, daß er sie brauche. Dann stürzte Fred weiter und langte in der kürzesten Zeit daheim in der Hausflur an, von wo er durch die offene Küchentür die Tante erblickte, die dort am Tische stand und in einem Puddingteig herumrührte. Sie las eben aufmerksam auf dem Papierchen, das vor ihr auf dem Tische lag: »Nimm vier große Eier, zwei Löffel Mehl und eine Zitronenschale –« und fuhr sehr erschrocken zusammen, als sich Fred plötzlich auf sie stürzte mit einem lauten Freudenschrei, daß er das Feld ganz leer fand und die Tante völlig für sich in Anspruch nehmen konnte. »O wie herrlich! Jetzt hör nur, Tante«, rief er aus und setzte sich gleich ganz bequem auf den Küchenschemel hin, das beliebte Buch auf seinen Knieen ausbreitend. »Du weißt doch, daß Papa einmal eine Rohrdommel gefangen hatte? Jetzt hör ihre Geschichte und ihr Leben. Eben bin ich darauf gekommen: Rohrdommel, `Stellaris`. Hörst du auch zu, Tante?«

»Ja, ja, ich höre schon, nur weiter!«

»Ist rotgelb mit schwarzen Querflecken, die Federn am Hals kragenartig. Wohnt im gemäßigten Europa, ist trübsinnig und mürrisch, stößt nachts ein eigentümliches Gebrüll aus. Die gewöhnliche Stimme lautet: Krauy! krauy! Jenes Gebrüll aber: Üprumb! üprumb! Gegen Verfolger wird er heftig. Das Weibchen legt vier große Eier – hörst du auch zu, Tante? Weißt du, was ich zuletzt gelesen habe?«

»Ja, ja wohl: Das Weibchen legt vier große Eier, zwei Löffel Mehl und eine Zitronenschale«, sagte die Tante, unversehens ihre Gedanken verfolgend.

Fred schaute sehr erschrocken mit weit aufgerissenen Augen zu der Tante empor, denn sie hatte ganz trocken und ohne allen Spaß so geredet.

»Ach so«, fiel die Tante gleich wieder ein, die so viel auf einmal zu bewältigen hatte und nun ihren Irrtum gewahr wurde, »ich bin nur in das Rezept hineingekommen, fahr nur fort.«

»Ja so, das ist etwas anderes«, bemerkte Fred beruhigt, »denn du wirst doch nicht meinen, Tante, daß Vögel Zitronenschalen legen. Jetzt weiter: Das Fleisch schmeckt nach –«

Hier wurde die Vorlesung unterbrochen. Im Sturmschritt kam Oskar zur Tür herein und gleich hinter ihm her stürzte Emmi heran, und während sich Oskar auf die rechte Seite der Tante stellte, so nah als möglich, um sich ihr recht verständlich zu machen, drängte die Emmi sich von links an sie heran, so, daß die arbeitende Tante ihre Kelle fast nicht mehr in dem Becken herumbewegen konnte.

81

Oskar war in großer Aufregung: »Denk, Tante, denk nur«, rief er laut und durch die Steigerung des Gefühls immer lauter, während Emmi auf der anderen Seite der Tante direkt ins Ohr hineinflüsterte, um auch verstanden zu werden, – »nun will der Feklitus auf einmal den alten Vers nicht mehr auf die Fahne, weil er einen anderen gehört hat von einem Feste her; der gefällt ihm viel besser und den will er durchaus auch auf unsere Fahne haben! Was meinst du nun, Tante? Was muß man denn machen? Du weißt nicht, wie störrig der Feklitus ist, wenn er etwas zwingen will, und wenn man nicht nachgibt, so macht er gleich nicht mehr mit.«

»Emmi, sei einen Augenblick still, ich komme dann auch zu dir«, sagte wehrend die Tante. »Nun, Oskar, sag einmal den Vers, so können wir sehen, ob er so schön ist.«

»So heißt er:

›Freiheit, Gleichheit, Brüderschaft,
Liederklang und Rebensaft!‹«

berichtete Oskar weiter.

»Ist das alles?« fragte die Tante.

Oskar bejahte.

»Das wird nun jedenfalls nicht auf die Fahne brodiert«, versicherte die Tante. »Sag du dem Feklitus, es sei ja nicht einmal ein Zeitwort in dem Satz, den könne man nicht brauchen, er solle nur den Herrn Lehrer fragen. Und weißt du was, Oskar, wenn der Feklitus durchaus einen geistigen Beitrag zu dem Feste liefern will, so fordere du ihn auf, die Festrede zu halten.«

Das war ein herrlicher Gedanke! Oskar ergriff ihn mit großem Enthusiasmus. Eine Festrede! Daran hatte er noch gar nicht gedacht. Gleich schoß er auf und davon, denn noch heute Abend mußte er die Mitteilung machen und alles in Gang bringen.

»Nicht wahr, Tante, nicht wahr?« wiederholte Emmi dringend ein Mal ums andere, nun Oskar fort war und sie Gehör finden konnte.

»Ich weiß nicht recht, was du mir sagtest, ich konnte nicht auf beiden Seiten zugleich hören«, erwiderte jetzt die Tante. »Was meintest du eigentlich, Emmi?«

»Ich meine – und gelt, Tante, das meinst du doch gewiß auch? – daß es furchtbar schade wäre, wenn der Fani in die Fabrik gehen müßte und gar keine Zeit zum Zeichnen mehr hätte. Er sollte doch gewiß ein Maler werden, Tante, nicht wahr, Fani sollte ein Maler werden, so schnell als möglich, daß er nicht in die Fabrik eintreten muß und dann nie mehr herauskommt und alles zu spät ist?«

»Das geht nicht so leicht, Emmi, so ein Maler und Künstler zu werden. Auch weiß man gar nicht, ob der Fani wirklich genug Talent dazu hätte; da braucht es dann noch etwas ganz anderes, als in der Schule ordentlich zeichnen zu können.«

»Ja aber, Tante, ich wollte nur gern, daß du mir sagtest, daß du doch auch so denkst, daß der Fani viel lieber ein Maler werden soll, wenn er kann, als daß er in die Fabrik gehen soll. Nicht wahr, das ist doch ganz gewiß deine Ansicht, Tante?« Emmi war so dringend, als hätte die Tante die Frage gerade jetzt zu entscheiden.

Begütigend sagte sie: »Wenn Fani wirklich Aussicht hätte, ein Maler zu werden, so wäre ich schon dafür und möchte es ihm herzlich gönnen; aber davon ist ja doch keine Rede, Emmi.«

»Kann ich endlich fortfahren, Tante? Emmi schwatzt ja

nur unnützes Zeug«, fiel der Fred hier ein. Aber Emmi ließ ihn noch nicht aufkommen.

»Tante, erklär mir nur noch ein Wort«, bat sie dringend; »was heißt das: Dekoration?«

»Das heißt Verzierung, Emmi. Was hast du mit Dekorationen zu schaffen?« fragte die Tante.

»Es heißt auch Theaterwand«, ergänzte Fred.

»O, das ist recht!« rief Emmi erfreut aus und rannte sehr unternehmend davon.

Einen Augenblick saß Fred nachdenklich da, dann sagte er forschend: »Tante, hast du nicht gemerkt, daß Emmi etwas im Sinn hat? Glaubst du, sie wollte mit einer Theatertruppe fortgehen?«

»Nein, Fred, das glaube ich nun wirklich nicht«, entgegnete die Tante, ohne Unruhe über diese Aussicht; »solches Zeug hat denn doch Emmi nicht im Kopf.«

»Tante, glaub du mir«, sagte der Fred ernsthaft, wie einer, der seine Erfahrungen gemacht hat; »die Emmi hat etwas im Sinn, denn es ist ihr ganz gleich, was die Worte bedeuten, wenn sie nicht etwas damit machen will, denn die Emmi ist nicht wißbegierig. Siehst du wohl, wie es ist, Tante?«

Die Tante konnte nicht mehr antworten, denn jetzt ertönte draußen von der Treppe her ein nicht unbekanntes, aber fürchterliches Geschrei: »Eine Schlange! Eine Schlange! Eine Schlange!« Augenblicklich griff Fred in seine Tasche, dann stürzte er hinaus. Die Tante atmete auf. Endlich konnte sie mit freien Armen und mit gesammelten Gedanken ihren Pudding vollenden, und es war die höchste Zeit. Aber nein! Das Geschrei auf der Treppe nahm einen so schreckenerregenden Charakter an, daß sie Becken und Kelle von sich stieß und hinauseilte. Draußen, in der Mitte der Treppe, stand auf einer Stufe das Rikli, mit Zetergeschrei auf die folgende Stufe blickend, wo ein zierliches, grünes Eidechschen in höchster Geschwindigkeit sich hin und her schlängelte. Noch eine Stufe höher saß beschaulich der Fred und wartete ab, was des Geschreies Ende sein würde.

»Aber wie einfältig, Rikli«, sagte die Tante sanftmütig; »wenn du doch einen solchen Schrecken vor diesem Tierchen hast, so kehr doch um und lauf fort.«

»Es läuft mir nach, es läuft mir nach, es ist eine Schlange!« schrie das Rikli und zappelte angsthaft auf demselben Fleck herum.

»Fred, nimm die Eidechse weg, du siehst ja, wie das Kind sich aufregt«, sagte die Tante; »ursprünglich wird sie wohl auch irgendwie von dir herstammen.«

»Gewiß, Tante«, betätigte Fred; »ich hatte sie in meine Tasche gesteckt, sie muß sich dann, während ich vorlas, leise entfernt haben. Aber dieses Rikli sollte doch zu einem vernünftigen Wesen erzogen werden; darum wollte ich warten, bis der Schrecken in eine Freundschaft für die Eidechse übergegangen wäre.«

Die Tante war einverstanden, das Rikli müsse wirklich noch erzogen werden; aber der Versuch, den Fred unternommen, führe nur endloses Geschrei herbei. Man müsse an eine ernstliche Kur denken, durch welche das Rikli geheilt werden könne; jetzt aber solle es die Treppe hinaufgehen und Fred mit seiner Eidechse hinunter, daß der Lärm aufhöre. Dann ging die Tante in die Küche zurück und konnte endlich den Pudding vollenden.

Siebentes Kapitel.
Was der Oskar gründet und die Emmi anstiftet.

———

Der Feklitus hatte mit Genugtuung die Festrede übernommen und zu Hause die Mitteilung von dem bevorstehenden Ereignis gemacht. Diese Mitteilung machte einen großen Eindruck auf Herrn Bickel und seine Frau, und sie beschlossen beide, dem Feste beizuwohnen, denn sie wollten doch den Feklitus anhören, wenn er zum ersten Male öffentlich sprechen würde. Es wurde auch sofort für den Redner ein nagelneuer Anzug angeordnet, der dem Anlaß entsprechen sollte, und noch an demselben Abend wurde der Schuhmacher beschickt und neue Stiefel wurden angemessen.

Den Feklitus sah man seit dem Tage schweigend und tiefsinnig umhergehen, und man konnte wohl erkennen, daß er mit außerordentlichen Gedanken beschäftigt war.

Eben war er aus der Schule herausgekommen, und zwar mit einem großen, unfreiwilligen Satz, denn die Nachfolgenden drängten so ungestüm, daß ein Luftsprung von den Vorderen gemacht werden mußte; da war keine Zeit, die Treppe Schritt um Schritt hinunterzugehen. Aber man konnte gut sehen, daß der Feklitus nicht gestimmt war, fröhliche Sprünge zu machen, denn er kam mit großen Runzeln auf der Stirn unten an und rannte nicht mit dem Siegesgeschrei erprobter Krieger, wie die anderen, davon, sondern langsam und stumm ging er um die Ecke des Schulhauses herum und stellte sich da auf die Lauer. Als nun alle Buben vorbeigerannt waren, kamen die Mädchen dahergelaufen, einmal zwei und wieder zwei und dann eine ganze Gruppe, und dann kam allein und ganz eilig das Elsli heran. Es hatte sich schon ein wenig verspätet, denn es hatte noch sehr genau seine Schulaufgaben für morgen aufgeschrieben. Plötzlich wurde es von hinten festgehalten und auf die Seite gezogen.

»Laß mich gehen, Feklitus, ich muß schnell zur Nora, sie erwartet mich«, sagte es, als es nun sah, daß es der Feklitus war, der es gepackt und mit einem starken Ruck hinter das Schulhaus gestoßen hatte.

»Ich will dich zuerst etwas fragen, dann kannst du gehen«, entgegnete er gebieterisch und hielt das Elsli an seinem Jüppchen fest.

»So mach geschwind, ich muß gewiß gehen.«

»So sag einmal«, hub jetzt der Feklitus forschend an, »wenn du einmal an einem Sängerfeste eine Rede halten müßtest, wie würdest du dann anfangen?«

»Ach, das ist ja etwas Dummes, das muß ich ja mein Lebtag nicht«, rief das Elsli und riß am Röcklein, um fort zu können. Aber der Feklitus hatte eine feste Faust, es half nichts.

»Ich habe nicht gesagt, daß du es einmal müssest«, fuhr er fort; »ich habe nur gesagt wenn, wenn – und wenn kann man zu allem sagen. Jetzt antwort: Wie würdest du anfangen, wenn du am Sängerfest eine Rede halten müßtest?«

»Das weiß ich ja nicht, von dem weiß ich gar nichts, ich habe ja nie an so etwas gedacht«, und das Elsli riß wieder.

»So denk jetzt daran! Du mußt sagen, wie du anfangen

würdest, oder ich lasse dich nicht los, bis es dunkel Nacht ist«, und Feklitus hielt das Röckchen immer fester. »Ich will dir's jetzt noch leichter machen und dir anfangen, dann aber fahre fort, oder dann wart nur! So fängt's an: ›Hochgeehrte Herren und Brüder!‹ Jetzt fahr fort!«

»Laß mich doch los, sieh, ich muß gewiß gehen«, bat das Elsli; »ich kann ja doch nichts Rechtes sagen.«

»Du halsstarriges Elsi du« – brach jetzt der Feklitus zornig los –, »wart nur, du mußt deinen Lohn schon haben! Wart du nur, bis du in die Fabrik kommst, es geht jetzt nicht mehr lang', dann wirst du's erfahren, wart nur!«

Unbestimmte Schrecken stiegen in Elslis Einbildung auf; es riß nicht mehr, ganz folgsam stand es da und besann sich. Nach einer kleinen Weile sagte es: »So würde ich dann so anfangen: ›Hochgeehrte Herren und Brüder! Da wir nun so schön gesungen haben, so wollen wir uns nun darüber freuen und ein großes, langes Fest feiern –‹«

Wie ein Pfeil schoß hier das Elsli davon, denn es hatte wahrgenommen, daß im Eifer des Zuhörens der Feklitus seine Faust aufgemacht hatte. Er schaute dem Elsli grimmig nach, es war aber schon zu weit weg, um verfolgt zu werden. So ging er endlich nachdenklich seiner Wege.

Am Sonntag sollte das große Sängerfest stattfinden, denn bis dahin hatte die Tante versprochen, die Fahne fertig zu machen. Vorher aber sollte eine Probe ausgeführt werden, um zu hören, wie die Rede abgehalten würde, und auch um die Bewegung des Zuges zu ordnen. Anstatt der Fahne könnte für einmal ein Tischtuch an die Stange befestigt werden, die Tante würde schon eins liefern. Am Samstagnachmittag sollte die Probe abgehalten werden, so hatte Oskar mit seiner Gesellschaft festgesetzt.

Am Samstag war denn auch kaum das nötige Essen am

Mittagstisch hinuntergeschluckt, als Oskar schon unruhig umherschaute, ob er wohl bald aufstehen und sich entfernen dürfe. Noch unruhiger gebärdete sich Emmi, die schon von Anfang an ihre Gedanken ganz anderswo als bei ihrer jetzigen Beschäftigung hatte, denn alles schluckte sie wie im Fieber herunter, schaute alle Augenblicke nach der Wanduhr und gab einmal ums andere verkehrte Antworten. Sobald der letzte Bissen von des Vaters Teller verschwunden war, fragte sie dringlich: »Kann ich gehen, Mama?«

»Ich auch, Mama?« setzte Oskar blitzschnell ein. Es wurde erlaubt.

»Was müssen denn die beiden wieder gründen und stiften, daß sie's so eilig haben?« fragte der Vater.

Emmi war schon zur Tür hinaus.

»Morgen wirst du's schon sehen, Papa«, sagte Oskar mit vielversprechender Miene; »heute noch wird die Rednerbühne errichtet und der Festumzug geordnet. Du wirst gewiß erstaunen. Willst du auch die Festrede von Feklitus hören, Papa?«

»Danke bestens! Am Abend will ich dann mit Mutter und Tante auf dem Festplatz erscheinen. Gehörst du auch zu den Festfeiernden, Fred?« fragte der Vater.

»Nein, ich habe Nützlicheres zu tun«, entgegnete ernsthaft der Fred. »Es ist nützlicher, den geringsten Sumpffrosch zu finden und kennen zu lernen, als tausend Sängerfeste zu feiern.«

Das Rikli rückte schnell ein wenig von Fred weg, vielleicht wollte er gleich einen von den Fröschen als Muster zeigen. Oskar warf dem Bruder einen mitleidigen Blick zu und ging.

Friedlich saßen am Nachmittag Mutter und Tante im Garten; vor ihnen auf dem Tisch stand der große Flickkorb und während die fleißigen Hände die Schäden alle der großen und kleinen Strümpfe gutmachten, besprachen sie die Ereignisse des Tages und das Leben und Wesen der Kinder, für die sie dieselbe Liebe und dasselbe Interesse hatten.

»Es ist merkwürdig, wie die Dinge sich wiederholen in diesem Leben«, sagte jetzt die Mutter. »Wenn die Kinder so erzählen, wie der Feklitus so häufig dem Elsli nachrennt, wenn keiner begreift, warum, stehen mir immer die langvergangenen Zeiten vor Augen. Du weißt doch noch, wie Elslis Mutter, das lebensfrohe Gritli, beständig von dem kurzen, dicken Fekli verfolgt, so leicht und lustig dahinrannte und sich immer von Zeit zu Zeit umkehrend, ihm mit Lachen zurief:

›Faß mich ab! Faß mich ab,
Fekli mit dem Bärentrab!‹«

Die Tante erinnerte sich dieser Szenen sehr gut; sie mußte herzlich lachen, als sie ihr wieder so deutlich vor Augen traten. »Das Gritli hatte freilich seinen Sang nicht selbst gedichtet«, fügte sie bei, »unser Bruder hatte ihm denselben eingeblasen; du erinnerst dich doch, wie er sich an diesen vergeblichen Jagden ergötzte?«

Die Mutter konnte nicht weiter antworten, denn in diesem Augenblick erhob sich ein so Mark und Bein durchdringendes Geschrei, daß die beiden Frauen ganz zusammenschraken.

»Es ist wieder das Rikli, das ist ganz sicher«, sagte die Mutter, die erst samt der Tante aufgesprungen war, sich nun aber wieder hinsetzte und die Tante auch dazu aufforderte. »Wir müssen wirklich dableiben«, fuhr sie fort; »das Kind soll nicht meinen, daß es für jedes Käferchen, das ihm nahe kommt, einen solchen Lärm aufschlagen darf und uns so zu seiner Hilfe herbeizwingen kann; es muß wissen, daß sein Geschrei für nichts keine Teilnahme mehr erweckt.«

»Gewiß hält ihm der Fred wieder irgendeinen großäugigen Frosch unter die Augen, der es unbarmherzig erschreckt«, sagte mitleidig die Tante; »aber du hast schon recht, das Zetergeschrei muß es zu überwinden suchen.«

In diesem Augenblick ertönte ganz von der anderen Seite her ein Gesang, der an großem Lärm mit dem fortdauernden Schreien wetteiferte. Es war unverkennbar Freds Stimme, die, dem Kreischen antwortend, sang:

»Das Rikli und der Hanseli
Sind ganz wie zwei Geschwister;
Sie singen wie die Amseli,
Nur unerhört viel wüster.«

»Fred kann es nicht sein, der das Kind erschreckt, er singt ja auf einer ganz anderen Seite«, sagte die Mutter, sichtlich ein wenig erschüttert in ihrem Vorsatz, Rikli einmal schreien zu lassen, ohne ihm zu Hilfe zu kommen. Jetzt nahm das Geschrei aber einen so unverkennbaren Charakter der Verzweiflung an, daß Mutter und Tante zugleich aufsprangen und dem Orte zustürzten. Erst erblickten sie gar nichts, obschon das Wehgeschrei dicht vor ihnen ertönte. Aber jetzt, da vor ihnen, unten im Graben, lag das verzweiflungsvoll schreiende Rikli in einem wirklich jämmerlichen Zustand. Fast bis an den Hals hinauf stak es in dem grünen Schlammwasser; die Arme streckte es krampfhaft empor, wie um sie zu schützen vor der Berührung mit den kleinen grünen Fröschen, die hier und da lustig in dem Sumpfwasser herumplätscherten. Die Tante war die nächste beim Graben. Rasch stieg sie einige Tritte hinunter, erfaßte das Kind bei den Armen und zog es mit einiger Anstrengung heraus. Als sich nun das Rikli von zärtlicher Besorgnis umgeben fühlte und auf die überstandenen Schrecken zurückschaute, fing es erst recht kläglich zu weinen und zu jammern an, und einmal ums andere stöhnte es: »O, warum seid ihr auch nicht gekommen?« Aber da wurde nicht viel Antwort gegeben, der Zustand erforderte ein schnelles Eingreifen. Mutter und Tante faßten das Kind je an einer Hand und eilten mit ihm dem Hause zu, wo das schlammüberzogene Rikli ohne Verzögerung in die Badewanne gesteckt wurde. Die Mutter war abgerufen worden, die Tante aber setzte sich neben das badende Kind hin und sagte: »So, jetzt will ich dir auf deine Frage antworten.« Und nun erklärte ihm die Tante die Sache und sagte ihm, daß es schon so oft dasselbe fürchterliche Geschrei ausgestoßen habe, wenn der Fred mit einem harmlosen Käferchen oder kleinen Frosch sich ihm nur genaht habe, daß weder sie noch die Mutter dieses Gebaren unterstützen und ihm mehr zu Hilfe kommen wollten. Einzig Freds Gesang hätte es gerettet, der bewies, daß er nicht bei dem Rikli sei; sonst wäre niemand zu seiner Hilfe gekommen und es hätte noch lange, lange Zeit in dem Schlammwasser stecken können. Dann ermahnte die Tante das Rikli ernstlich, an diese Erfahrung zu denken, denn sonst könnte es noch einmal auf viel längere Zeit und noch erschrecklichere Weise unter die Frösche versetzt werden. Das Rikli hörte die Worte aufmerksam an, und diesmal machten sie mehr Eindruck, als ähnliche Ermahnungen gemacht hatten, bevor es etwas so Grauenvolles erlebt hatte, wie das war, ganz verlassen und ungehört mitten unter den Fröschen im Sumpf zu stecken.

Während dieser Zeit hatte Oskar seine Schar versammelt und war mit ihr auf den Festplatz gezogen. Hier sollte zuerst die Festrede als Probe abgehalten werden, dann sollte der große Umzug und hernach die Schlußfestlichkeiten mit

Bankett folgen, heute nur als Probe, morgen aber mit richtigem Johannisbeersaft und Lebkuchen; das hatte die Tante samt der Fahne zu liefern versprochen. Die Rednerbühne war aus vier in die Erde gesteckten Holzpfosten und vier darüber gelegten Brettern kunstvoll errichtet. Jetzt bestieg sie der Feklitus und begann:

»Hochgeehrte Herren und Brüder! Da wir nun so schön gesungen haben, wollen wir uns darüber freuen und ein großes, langes Fest feiern und mit den Gläsern anstoßen.«

Der Feklitus kam von der Bühne herunter.

»Mach doch fort!« schrieen ihm die nächsten Zuhörer zu.

»Die Rede ist fertig, nachher stößt man mit den Gläsern an«, sagte Feklitus, befriedigt von seiner Leistung und daß sie vorüberwar. Aber unter der Versammlung erhob sich ein großer Lärm, denn die meisten fanden die Rede zu kurz und wollten den Feklitus zur Fortsetzung wieder auf die Bühne hinaufdrängen. Nur Oskar, der doch sonst alles regierte, stand so dumm und verblüfft da, als hätte er etwas ganz Besonderes vernommen. Die Worte hatten ihm auch einen großen Eindruck gemacht: Wie konnte auch der Feklitus zu einem Gedanken gekommen sein, der ihm selbst gar nicht eingefallen und der doch von solcher Wichtigkeit war für das Fest, daß sie zu feiern hatten. Es mußte ja doch gesungen werden, daß man merken konnte, es sei ein Sängerfest. Nachdem Oskar den ersten Ärger verschluckt hatte, daß er nicht der Urheber des Gedankens war, stürzte er sich mit einem Male in die lärmende Menge und rief aus vollen Kräften: »Still! Jetzt muß man vor allem wissen, wer singen kann; wir müssen nun ein schönes Lied einstudieren.«

Aber da fand es sich denn, daß keiner von ihnen singen

konnte, auch der Feklitus nicht; der behauptete aber, es sei ja nicht nötig. Oskar selbst konnte keine Note richtig nachsingen, das wußte er wohl, aber er hatte erkannt, daß da gesungen sein mußte, und er rief nun mit Heftigkeit nach dem Fani und die anderen schrieen mit, denn es kam den meisten in den Sinn, daß der Fani singen konnte. Er war aber nicht zu finden, er war entschieden nicht bei der Schar, und auf einmal lief Oskar in gestrecktem Galopp davon, alle anderen nach, und jeder lief nach seiner Seite hin, so daß in einem Nu der ganze Festplatz leer stand und einsam die Rednerbühne darauf emporragte. Oskar stürzte nach Hause; er war in der größten Aufregung: was sollte nun aus seinem laut verkündeten Feste werden! Denn das war ihm nun ganz klar, vor allem mußte gesungen werden am Sängerfest, und das mußte er zustande bringen! Wie würde der Papa über seine Gründung spotten! Wie würde der Fred sticheln und sich überheben mit seinen stets überdachten Handlungen! – Nein, das konnte nicht sein, der Fani mußte auf den Platz, der konnte vorsingen, dann sängen die anderen schon nach. Zu Hause angekommen, rannte er der Stube zu, wo er eben die Emmi eintreten sah.

»Wo ist der Fani, Emmi?« rief er ihr aufgeregt zu; »hast du ihn wieder aufgestiftet, uns untreu zu werden und mit dir auszuziehen?«

Emmi wurde ein wenig rot, sagte aber nichts; sie tat so, als hörte sie nicht so recht, was er wollte. In diesem Augenblick streckte die Kathri den Kopf zur Tür herein. »Die Marget ist draußen, sie fragt, ob niemand wisse, wo der Fani sei, sie suche ihn allenthalben, es pressiere«, rief sie in einem Atemzug herein und verschwand wieder. Jetzt wurde Emmi dunkelrot bis unter die Haare hinauf und fing an, ängstlich an der Tante zu zupfen. Diese merkte auch gleich, daß etwas Unrichtiges begegnet war; sie nahm Emmi an der Hand und ging zur Tür hinaus. Die Mutter folgte, um nachzusehen, was die Marget so eilig hergebracht hatte. Diese erzählte in großer Aufregung, daß der Vetter Fekli gekommen sei, um ihr zu sagen, er habe im Sinn, den Fani gleich in der Fabrik anzustellen für eine besondere Arbeit, die der Bube gut machen könne und die ihm an den Schulferien-Nachmittagen und auch in mancher anderen Stunde eine Beschäftigung geben werde, die ihm ein schönes Stück Geld einbringe. Nun habe er gleich mit dem Fani reden wollen, aber den habe sie nun hin und her gesucht und nirgends finden können; und den Vetter dürfe sie auch nicht mehr warten lassen, der werde jetzt gewiß recht böse, wenn der Fani nicht einmal mitkomme, nachdem sie nun so lange fortgeblieben sei, nur um ihn zu suchen.

Die Mutter rief sofort den Oskar herbei und hieß ihn nach allen Seiten auslaufen, um den Fani zu suchen, er würde ihn wohl am besten finden können, meinte sie, und die Marget könne dann ruhig nach Hause gehen, Oskar würde den Fani dann gleich heimschicken.

Unterdessen hatte die Tante Emmi in ihre Schlafstube geführt, und sobald sie drinnen waren, umklammerte Emmi krampfhaft den Arm der Tante und flehte angstvoll: »Hilf mir doch, Tante, hilf mir doch, daß es nichts Schlimmeres gibt und daß der Papa nicht böse wird; hilf doch, daß Fanis Mutter es begreift, wie gut es ihm nun gehen wird und daß er ein großer Maler werden könne. Heut ist er nach Basel verreist.«

»Was sagst du, Emmi? Was sagst du? Es wird ja, will's Gott, nicht wahr sein!« rief die Tante in großem Schrecken aus.

»Doch, es ist gewiß wahr, Tante; geh doch zu Fanis Mutter und mach, daß es ihr recht ist und daß sie nicht klagt beim Papa«, flehte Emmi. »Ich will dir alles erzählen, dann kannst du's schon sehen und der Marget sagen, wie

96

gut es dem Fani jetzt gehen kann. Siehst du, im Blatt stand eine Anzeige vor ein paar Tagen, die hieß so: ›Ein Dekorationsmaler in Basel würde einen Knaben von elf bis zwölf Jahren zu sich nehmen gegen leichte Beschäftigung, er könnte auch das Handwerk erlernen.‹ Dann war noch die Adresse dabei. Das habe ich schnell dem Fani gezeigt, denn wir haben schon lange nachgesonnen, wie er ein Maler werden könnte und nicht in die Fabrik gehen müßte, und das war gerade das Rechte, denn du hattest ja gesagt, das hieße Verzierung und der Fred hat noch gesagt, es heiße auch Theaterwand. So wußte ich ja schon, daß der Fani da schöne Bäume und Blumen und Kränze machen müßte, und habe ihm das alles gesagt, und er wollte schrecklich gern gehen. Zuerst wollten wir es seiner Mutter sagen, aber er sagte, dann könne er gewiß nie, nie gehen, denn sie sage, das sei keine Arbeit, sondern nur Lumperei, und sie wolle nichts davon wissen. Dann haben wir ausgemacht, er solle jetzt nur einmal gehen, ich wollte dann schon sagen, wo er sei, wenn sie fragen, und dann würde er schnell schreiben und sagen, daß er jetzt ein Maler werden kann.«

»Aber, um's Himmels willen, was richtest du doch für Zeug an, Emmi«, brach die Tante hier aus; »es ist ja wirklich schrecklich! Wo wird der Junge nun hinkommen und wie kann er ohne Geld nur nach Basel gelangen?«

Emmi sagte, sie habe ihm alles Geld gegeben, das sie besessen, er komme gewiß nach Basel, wenn nur die Tante jetzt mit der Mutter reden wollte, weil sie gerade so eifrig den Fani suche, wie sonst nie. Auch die Tante fand, das sei das erste, was sie tun müsse. Dann wollte sie sogleich nach Basel schreiben, um zu wissen, ob der Fani wirklich dort angelangt und in was für Händen er sei. Die Tante verlor keine Zeit. Sie schlug ihr Tuch um und eilte hinaus dem Wäldchen zu, hinter dem der Weg zu Heiris Häuschen niederstieg. Aus der niederen Haustür trat eben noch Herr

Bickel, als die Tante sich nahte. Er bemerkte abschließend: »Wie gesagt, das Vagabundieren, das er im Brauch hat, hört dann auf, ich ziehe ihm jede vergeudete Zeit am Lohn ab.«

»Er wird, denk' ich, erst Lohn haben müssen, eh' man ihm davon abziehen kann«, sagte Marget halblaut, während

Herr Bickel gewichtigen Schrittes davonging. – Die Tante trat in das Häuschen ein. Man kam von der Straße unmittelbar in die Küche und von da in die Stube. Die Tür dahin stand offen, und nahe dabei standen in der Stube zwei uralte Wiegen, eine für das Kleine und eine für den Hanseli, und auf der anderen Seite in der Küche stand der Waschzuber, den die Marget dahin gerückt hatte, um zu gleicher Zeit ihrer Arbeit obliegen zu können und die drei Buben samt dem Kleinen unter den Augen zu haben. Obschon der Hanseli zwei Jahre alt war, hatte er noch seine Wiege, und diese diente zu gleicher Zeit als Bettstatt und als Beruhigungsmittel für ihn. Schlug er jetzt, seit Elslis Wegbleiben, sein bekanntes Geschrei auf, so legte ihn die Mutter auf der Stelle in die Wiege hinein, wo er, durch die schaukelnde Bewegung beruhigt, alsbald vom Schlaf übermannt wurde. Eben jetzt stand der Heirli auf der einen und der Rudi auf der anderen Seite der beweglichen Bettstatt und beide stießen aus Leibeskräften die heranschaukelnde Wiege immer einer dem anderen zu, so daß der darinliegende Hanseli längst in den tiefsten Schlaf versunken war und darin erhalten wurde. Die Tante setzte sich auf den hölzernen Schemel neben den Waschtrog hin und forderte die Marget auf, fortzufahren an ihrer Arbeit; sie habe mit ihr zu reden, das könne aber neben dieser Arbeit geschehen. Sie fing nun ganz zahm und behutsam an, der Marget beizubringen, wohin der Fani gekommen sei, und fügte auch gleich bei, sie werde unverzüglich nach Basel schreiben, um inne zu werden, wo er hingekommen sei und was der Meister mit ihm im Sinne habe. Sie würde ihn auch gleich wiederkommen lassen, wenn der Vater und die Mutter es haben wollten. Die Marget stand noch unter dem Eindruck des Lohnabziehens. Der Vorteil für den Fani und die ganze Haushaltung schien ihr schon nicht mehr so groß zu sein, wie sie zuerst gedacht hatte. Wenn nun der Fani da unten sein Essen und seine Kleider verdienen könnte und so unversehens ein Handwerk erlernte und vielleicht bald sein eigenes Auskommen hätte, so wäre das doch eigentlich besser als alles, was er daheim erreichen könnte, und man hätte so keine Sorgen bei dem ganzen Verlauf. Diese Gedanken gingen der Marget schnell hintereinander durch den Kopf, und es währte gar nicht lange, so sagte sie der Tante, es wäre gewiß dem Vater so recht, wie ihr selbst, wenn die Tante alles in die Hand nehmen und nachfragen wollte, wie es der Fani habe, und wenn sie ein wenig dazu sehen könnte, daß der Bub' etwas Rechtes lerne. Sie wollte dann schon noch mit dem Vater reden und nachher den Bericht bringen, was er dazu sage; aber die Marget schien ganz überzeugt zu sein, daß er dieselbe Meinung haben werde, die sie habe. Die Tante fühlte sich sehr erleichtert, denn sie hatte nicht gewußt, wie die Sache von der Marget aufgenommen würde und ob sie nicht vielleicht einen großen Lärm machen würde über das Fortlaufen des Buben, was doch im Grunde Emmi verschuldet hatte. Sie fragte noch dem Elsli nach und hörte, daß es zwischen der Schule durch und bis zur Stunde des Schlafengehens seine ganze Zeit auf dem Eichenrain zubringe. Für sie sei es gar keine Hilfe mehr; mit den beiden Buben mache sie's nun, wie sie könne, und beklagen könne sie sich nicht, denn die Mutter des kranken Kindes sei eine gute und vernünftige Frau, die wisse, daß die armen Leute auch etwas brauchen, um leben zu können. Das Elsli bringe jeden Abend einen Taglohn mit, den es gewiß nicht verdienen könne, und dazu so viel Kleider von dem kranken Kinde, daß sie dem Elsli für lange Zeit nichts anzuschaffen habe. Diese Nachricht erfreute die Tante sehr und mit frohem Herzen kehrte sie zurück, denn es war alles so viel leichter abgegangen, als sie erwartet hatte.

Schon auf dem halben Wege kam der Oskar ihr entgegengelaufen. Er hatte bemerkt, daß Emmi schon seit einiger Zeit an der Hausecke stand und auf jemand wartete, das mußte ohne Zweifel die Tante sein; aber er hatte so dringende Geschäfte mit ihr abzutun, daß er sie durchaus zuerst sehen mußte. Er lief heimlich hinten ums Haus herum und eilte dem Wäldchen zu. Sobald er der Tante ansichtig wurde, stürzte er auf sie los und goß nun seine ganze Geschichte von dem verunglückten Sängerfest über sie: wie er vergessen hatte, daß noch gesungen werden sollte, und wie furchtbar alle Leute sie auslachen würden, und vor allen der Papa, wenn sie nun kämen und wollten dem Feste beiwohnen; das sah er nun ganz klar ein. Aber er hatte jetzt einen neuen, ganz herrlichen Gedanken: wenn man nun das Sängerfest schnell in ein anderes umwandeln würde, daß es morgen doch könnte abgehalten werden, eins, zu dem man die Fahne doch gebrauchen könnte und in der Festrede ja nur einige Worte zu ändern hätte? Die Tante wußte ja gewiß einen guten Rat zu geben, welches Fest an die Stelle des unausführbaren zu setzen sei, und Oskar schien auch nicht abgeneigt, die Sache so zu bearbeiten, daß schließlich anzunehmen wäre, er habe eigentlich absichtlich das Sängerfest in ein anderes verwandelt. Aber die Tante war nicht derselben Meinung. Sie erklärte ihm nun, was eigentlich der Sinn eines Festes sei, und daß man immer zuerst etwas Besonderes müsse geleistet haben, um nachher ein Fest darüber zu feiern. Da das nun aber nicht geschehen sei, so sollte Oskar warten, bis es einmal der Fall wäre, dann wollte die Tante ihm zu einer glänzenden Festfeier verhelfen.

Oskar war sehr herabgestimmt; aber er sah ein, daß da für einmal nichts Neues zu gründen war, und folgte der Tante ziemlich niedergeschlagen ins Haus hinein; er sah mit Besorgnis dem Nachtessen entgegen, da der Papa seine Fragen über das Fest von morgen wieder aufnehmen und so die ganze Enthüllung von dessen ruhmlosem Ausgang herbeiführen könnte. Eben schoß Emmi beim Anblick der Tante aus ihrem Hinterhalt hervor, um zu vernehmen, was die Tat, bei der sie so sehr beteiligt war, für Folgen haben konnte; aber auch sie mußte in unsicherem Bangen verharren, denn eben trat auch der Vater ins Haus hinein, und unmittelbar darauf mußte man sich zum Nachtessen hinsetzen. In ihren beklemmenden Erwartungen saßen Oskar und Emmi tief auf ihre Teller gebeugt am Tisch und keines von ihnen hob auch nur ein einziges Mal den Kopf auf, denn sie hofften in dieser Stellung am ehesten unbemerkt zu bleiben. Fred hatte schon ein paarmal forschende Blicke zu den beiden hinübergesandt; jetzt sagte er bedeutsam: »Es gibt auch einen Vogel, er heißt Strauß, struthio, der steckt den Kopf vornüber in den Sand hinein, denn er denkt, so sieht ihn der Jäger nicht. Diese Vögel leben in Afrika; bei uns kommen sie nur selten vor und nähren sich von Kartoffelsalat.«

Oskar, der eben, mit seinen Gedanken beschäftigt, in seiner Portion Kartoffelsalat herumstocherte, nahm die Beschreibung des Straußes mit ungewohnter Ruhe hin, und der Vater, der jetzt nach ihm hinschaute, lachte ein wenig und sagte: »Den drücken wohl die Festfreuden nieder?« Als aber keine weiteren Nachforschungen erfolgten und das Nachtessen auch ohne alle Nachfragen nach dem Fani vorüberging, standen Oskar und Emmi mit sehr erleichterten Herzen vom Tisch auf, denn wenn auch für Oskar die Gefahr eines sehr empfindlichen Hohnes und für Emmi diejenige eines strengen Tadels nicht vorüberwar, so war doch nun Zeit gewonnen, und da war ja immer die Tante, bei der man neuerdings Rat und Hilfe finden konnte.

Achtes Kapitel.

Beim Sonnenuntergang.

———

Seit dem Tage, da das Elsli zum ersten Male bei der kranken Nora eingetreten war und sie sich bald gut verstanden hatten, war das Kind die tägliche Gesellschaft der Nora geblieben. Von Auslaufen und Besorgungen Machen war nie eine Rede gewesen, denn Nora konnte es täglich kaum erwarten, daß das Elsli erschien, und bis zum letzten Augenblick seines Bleibens ließ sie es nicht von ihrer Seite weg. Die Mutter, die keine größere Freude kannte als die, ihrem Kinde einen Wunsch zu erfüllen, freute sich an dem neuen Interesse der Nora und gewährte gern die Bitte, daß das Elsli ganz nur zu ihrer Gesellschaft da sein möchte. Frau Stanhope sah auch mit großer Befriedigung, wieviel lebendiger und fröhlicher die Nora geworden war, seit sie diese tägliche Gespielin hatte, und hieß darum auch das Elsli kommen, so oft es nur konnte, auch am Sonntag, und hielt es gut in ihrem Hause. So kam es, daß das Kind jede Stunde des Tages außerhalb der Schule und bald auch den ganzen Sonntag, vom Morgen bis zur Nacht, unzertrennlich mit der Nora zubrachte. Es ging dabei eine große Veränderung mit dem Elsli vor. Es war ein so bildsames Geschöpfchen, daß es unwillkürlich in seiner Erscheinung, im Ton seiner Stimme, in allen Gebärden so wurde, wie seine Umgebung war. Nun sich die Nora, mit solcher Lebendigkeit und solcher Freude an seinem empfänglichen Wesen, täglich stundenlang mit ihm beschäftigte und alles, was sie dachte und hoffte, alles, was in ihrem Inneren vorging, dem Elsli mitteilte und es ganz und gar mit ihrem eigenen Leben erfüllte, kam es so, daß auf das Elsli auch äußerlich nach und nach gänzlich die Art der Nora übergegangen war. Es hatte den Ton ihrer Stimme, es sprach in ihren Worten, es machte die Bewegung ihrer Hand, das ganze Elsli war verändert. Auch für die Schule war eine große Veränderung mit dem Elsli vor sich gegangen. Wenn es jetzt unmittelbar nach der Schule zu Nora kam, wurden gleich zuerst alle Bücher und Hefte ausgepackt und die Arbeit der Schulaufgaben unternommen. Die Nora hatte viel und gut gelernt und es war ein ganz neues Interesse für sie, der aufmerksamen Schülerin nachhelfen und alles erklären zu können, was sie nicht verstand. Für das Elsli war es eine nie gekannte Freude, endlich einmal seine erfüllten Aufgaben, wie die anderen Kinder, in die Schule bringen zu können und nun wiederholt von dem Lehrer die Worte zu hören, die er in so freundlichem Tone sagte: »Das hast du gut gemacht, Elsli, mit dir bin ich nun sehr zufrieden.«

Waren die Schularbeiten beendigt und auch das Abendessen vorüber, dann saßen die Kinder ganz nah zusammen und fingen ihre Gespräche an, deren sie niemals müde wurden. Nora erzählte von dem schönen Lande, wohin sie gehen wollten, und das Elsli folgte mit ganzem Entzücken jedem Worte, denn die Nora erzählte so, als sehe sie alles vor sich, so daß auch vor dem Elsli alles lebendig dastand und es nie genug bekam von der beglückenden Unterhaltung. Zuletzt sagte Nora immer noch ihr Lied, und auch das konnte das Elsli nie genug anhören. Wenn dann der Abend zu Ende war und das Elsli gehen mußte, kam ihm jedesmal zum Schluß noch ein trauriger Gedanke, und es sagte ängstlich: »Wenn du nur nicht einmal allein gehst, Nora, und ich zurückbleibe; was müßte ich dann machen?« Aber die Nora tröstete es jedesmal und sagte, der liebe Gott rufe ihm dann schon, wenn sie ihn im Himmel recht darum bitte, was dann das Elsli wieder beruhigte, so daß es jeden Abend mit einem glücklichen Herzen, wie es vorher nie gekannt hatte, heimkehrte.

So waren die sonnegoldenen Tage des Septembermonats herangekommen. Die Kinder saßen zusammen und schauten durch das offene Fenster, an dem Noras Lehnstuhl stand, nach dem Abendhimmel hin, wo die Sonne untergehen wollte. – Nora war den ganzen Tag müde gewesen und hatte wenig geredet. Ganz still saßen auch jetzt die Kinder nebeneinander und schauten nach dem golden leuchtenden Himmel hin. Jetzt strahlten die Flammen der scheidenden Sonne noch einmal glühend empor, und wie ein goldener Strom ergoß sich das Leuchten über Bäume und Hügel auf die Wiesen herab.

»Sieh, sieh! Elsli!« rief Nora aus und ihre Augen leuchteten, wie Elsli sie noch nie gesehen hatte; »sieh, dort kommt der kristallene Strom herübergeflossen! O ich möchte dorthin und weit über den Strom gehen, o wie wird es schön dahinter sein, wo alle die Blumen und die glücklichen Menschen sind und wo sie so froh herumgehen und niemals müde werden! Aber jetzt bin ich so müde, Elsli, komm ein wenig näher zu mir, willst du?« Elsli rückte ganz nah heran und Nora legte ihren Kopf auf seine Schulter. »O, so bin ich gut«, setzte sie leise hinzu, »so sehe ich mitten, mitten hinein. O sieh, es ist, wie wenn der Himmel ganz offen stünde, und man sieht, wie es leuchtet drinnen und schimmert und glänzt. O wie schön! O wie schön!« – Auch das Elsli hatte noch nie ein solches Leuchten am Himmel und solchen Goldglanz auf allen Hügeln gesehen. In stummem Erstaunen schaute es darauf hin, und regungslos lagen die Kinder lange, lange da, bis gegen Abend hin aller Glanz erloschen war und leise ein weißer Nebel unten vom Tal aufstieg und sich über die Wiese legte. Jetzt trat Frau Stanhope ins Zimmer; sie hatte, wie nun oft geschah, Elslis Anwesenheit benutzt, in einem anderen Zimmer ihre Briefe zu schreiben. Sie nahte sich der Nora, die immer noch ganz still auf Elslis Schulter ruhte.

»Gott im Himmel«, schrie die Mutter auf, »Nora, mein Kind! Es ist nicht möglich! Erwache! Gib mir Antwort!«

Frau Stanhope war niedergekniet; sie zog die Nora an sich; einen Augenblick schaute sie auf das bleiche, stille Gesichtchen, dann warf sie sich über das Kind und schluchzte in Verzweiflung.

Schneeweiß vor Schrecken stand das Elsli da. Was konnte mit der Nora begegnet sein, das ihre Mutter so unglücklich machte?

»Hol den Arzt, Kind! Lauf, soviel du kannst!« stieß jetzt die schluchzende Mutter hervor. Elsli eilte fort. Der Arzt war nicht zu Hause; seine Frau gab dem Elsli Bescheid. Es mußte ihr alles erzählen, was sich zugetragen hatte. Dann sagte sie teilnehmend: »Ich glaube, der kranken Nora ist für immer wohl, die ist gewiß im Himmel.«

Das Elsli stand wie vom Schlag getroffen. »Ist sie nun schon gegangen?« fragte es tonlos. Dann stürzten ihm die Tränen unaufhaltsam die Wangen herunter und vor großer Erschütterung hatte ein Zittern seinen ganzen Körper erfaßt.

»Du armes Elsli«, sagte die Frau Doktorin, das Kind bei der Hand nehmend, »komm, setz dich einen Augenblick hier nieder!« Aber das Elsli war so von seinem Eindruck überwältigt, daß es nicht sitzen konnte. Es hielt sein Schürzchen vor die Augen und lief wieder fort, ganz kläglich vor sich hin jammernd: »O! o! Nun ist sie schon gegangen und ohne mich!« Als es bei Frau Stanhope eintrat, fand es diese noch in derselben Stellung über ihr Kind gebeugt und verzweiflungsvoll weinend und klagend. Elsli setzte sich auf den Schemel hin, den die Nora eben noch gebraucht hatte, und weinte ganz still. So verfloß wohl eine

Stunde, dann kam der Doktor. Nachdem er eine kurze Zeit den Platz der Frau Stanhope eingenommen und sich über die Nora gebeugt hatte, wandte er sich zu der Mutter. »Frau Stanhope«, sagte er in rascher, aber teilnehmender Weise, »ich habe nichts mehr zu tun hier, suchen Sie das Unabänderliche zu tragen, das Kind ist tot. Ich will Ihnen meine Frau schicken.« Dann ging er.

Nach einer Weile kam die Frau Doktorin. Aber kein Wort des Trostes, das sie in ihrer herzlichen Teilnahme aussprach, fand Eingang bei der verarmten Mutter. Sie hatte sich wieder über ihr Kind geworfen und sah und hörte nicht, was um sie her vorging. Als die Frau Doktorin bemerkte, daß es für einmal unmöglich war, sich der trostlosen Frau zu nähern, trat sie zu dem Elsli heran, das immer noch auf seinem Schemel saß und leise fortweinte; sie faßte das Kind sanft bei der Hand und zog es auf. »Komm mit mir, Elsli«, sagte sie freundlich, »es ist Zeit für dich, heimzugehen. Wir wollen dich auch nicht vergessen, Elsli, und der liebe Gott vergißt keins seiner Kinder. Du mußt dich zu trösten suchen und denken, wie wohl es der Nora nun ist, da sie gar nie mehr krank sein wird.«

»O, wenn sie mich nur mitgenommen hätte«, schluchzte das Elsli, denn der Gedanke hatte sich so lange und tief bei ihm festgesetzt, daß sie dann miteinander gehen würden, und nun war die Hoffnung dahin und es war zurückgeblieben und nun so allein! Leise weinend ging es an der Seite der Frau Doktorin dahin, und auch als diese bei dem aufsteigenden Wiesenwege sagte: »Nun trennen wir uns; schlaf wohl, Elsli, und komm bald einmal zu uns«, zog es sein Schürzchen nicht von den Augen weg. Leise sagte es: »Gute Nacht!« und ging den Fußweg hinan, und immer hörbarer wurde sein Schluchzen, je weiter es von der freundlichen Begleiterin wegkam und je einsamer der Weg wurde, den es zu gehen hatte.

Die Mutter trat mit einem traurigen Herzen in das Haus ein, wo sie die Kinder alle um die Tante gelagert fand, stiller und nachdenklicher, als sie gewöhnlich waren. Die Tante hatte ihnen erzählt, daß die Nora gestorben und in den Himmel gegangen sei, was ihnen einen tiefen Eindruck gemacht hatte, jedem in einer besonderen Weise. Fred hatte gleich eine Menge Fragen und wollte genau wissen, wie Menschen sterben und wieder leben können. Emmi war sehr niedergeschlagen, denn es kam ihr nun in den Sinn, daß sie niemals mehr zu Nora zurückgekehrt war und ihr gar keine Freundlichkeit erwiesen hatte. Ganz still zogen sich heute die Kinder zurück, und als am späten Abend Mutter und Tante noch allein zusammensaßen, mußte die erstere der teilnehmenden Schwester noch den ganzen Kummer ausschütten, der ihr Herz so schwer machte. Da war die arme Mutter, die ihr einziges Kind in die Erde legen mußte und der mit keinem Worte des Trostes beizukommen war. Da war das zarte Elsli, das nun an die harte Arbeit zurückkehren mußte, die vielleicht so sehr über seine Kräfte ging, daß es sie nicht lange aushalten konnte. Dazu war es nun doppelt verwaist; die nahe Freundin, durch die es in ein neues Leben eingetreten war und in der es ganz gelebt hatte, war für immer weggegangen, und der Bruder Fani, an dem es mit aller Liebe hing, war fort, und vielleicht ja auch für immer fort; wer konnte wissen, wo der bleiben würde! Diese letztere Sache lag der Mutter auch als eine Last auf dem Herzen; war ja doch Emmi schuld daran und das ganze Unternehmen so unsicher, daß man nicht einmal die Zuversicht haben konnte, Fani lerne da wirklich etwas Rechtes, das ihm für seine Zukunft von Nutzen sein konnte. Die Tante hatte einer Bekannten nach Basel geschrieben und sie gebeten, den Mann aufzusuchen, bei dem Fani eingetreten sein mußte, und ihr Nachricht über den Charakter des Mannes und das ganze Verhältnis zu geben. Es war auch schon eine Antwort gekommen, sie war aber nicht gemacht, große Hoffnungen für Fani zu erwecken. Der Dekorationsmaler hatte den Fani wirklich in seinen Dienst genommen, da er Gefallen an dem offenen Wesen des Jungen fand, der ihm so zugelaufen kam und gleich seine ganze Geschichte erzählte. Der Maler hatte aber nur einen Buben gesucht, der ihm die großen Pinsel und Farbtöpfe nachtrage und ihm alles reinigen helfe und für ihn auslaufe. Dafür bekam er seinen Unterhalt von dem Meister, für seine Kleider sollte er aber selbst sorgen. Das war nun gar keine glänzende Anstellung für den Fani, und die Mutter riet bekümmert hin und her, was nun wohl das Beste wäre, das man tun könnte. Für einmal waren seine Eltern ja freilich damit einverstanden, daß er fortbleibe, da er keine bestimmte Anstellung habe; aber sie nahmen an, er verdiene wenigstens so viel, daß sie in keiner Weise mehr für ihn zu sorgen hätten, daß er im Gegenteil nächstens für sie eine Nachhilfe sein werde. So hatte die gute Mutter zu den alten immer wieder neue Sorgen zu tragen, und manchmal schon wäre ihr diese große Last zu schwer geworden, wenn die Tante nicht immer mitgetragen und durch ihre frohe Gemütsart jedem Kummer gleich auch eine erfreuliche Seite abgewonnen hätte. So hatte sie auch heute manches tröstende, erheiternde Wort für die Mutter, so daß auch diese zuletzt wieder mit Hoffnung und Zuversicht auf die kommenden Tage sehen und alles Sorgenerregende dem lieben Gott anheimstellen konnte.

Am folgenden Morgen bat Emmi etwas niedergeschlagen um die Erlaubnis, der Nora Blumen bringen und auf ihr Bett legen zu dürfen. Die Mutter erlaubte es gern und auf Freds Ansuchen hin auch, daß er Emmi begleite. Später wollte auch sie selbst nachkommen und Frau Stanhope besuchen. Die Kinder wurden eingelassen und vom Mädchen in das Zimmer geführt, wo Nora auf einem schneeweißen Bette lag, sie selbst so weiß und still, wie sie noch niemand gesehen hatte. Am Bette kniete die Mutter; sie schaute nicht auf und blieb regungslos auf ihrem Platze, das Gesicht auf das weiße Lager gedrückt. Emmi legte still ihre Blumen auf das Bett hin, dann erfaßte sie die Hand der Nora zum Abschied. Jetzt stürzten der Emmi die Tränen aus den Augen, denn da lag nun die Nora, kalt und schweigend für immer, und Emmi konnte ihr nie mehr etwas Freundliches tun, und da sie noch am Leben war, hatte es Emmi nie getan und war am liebsten gar nicht zu ihr gegangen, und doch war Nora so krank gewesen und so viel allein und hatte wenig Freuden gehabt. Das kam der Emmi nun sehr übers Herz und sie weinte leise fort, als sie nun mit Fred das Zimmer verließ. Einige Zeit nachher trat die Frau Doktorin in das stille Zimmer ein. Frau Stanhope erhob sich, sie hatte die Eintretende erkannt. Jetzt verwandelte der dumpfe Schmerz der Trauernden sich in einen ungeheuren Jammer. »O, können Sie es begreifen, wie ganz verarmt ich bin?« rief sie unter einem Strom von Tränen aus. »O, warum mußte der liebe Gott mir dieses einzige Kind nehmen? Hätte er mir Hab und Gut, allen Reichtum, alles, was ich besitze, weggenommen und mir mein Kind gelassen, ich hätte ja nicht gehadert, ich hätte ja gern alles entbehrt und alles getragen, wenn ich nur mein Kind behalten hätte! Das ist das Härteste, das mir widerfahren kann, das Allerhärteste; o warum muß ich gerade mehr als alle anderen leiden?«

»Liebe Frau Stanhope«, sagte hier die Frau Doktorin, indem sie besänftigend die Hand der Jammernden ergriff, »ich begreife wohl Ihren großen Schmerz, aber denken Sie auch an ihr Kind! Es ist doch nicht das größte Leiden, an sein Kind zu denken, das der liebe Gott zu sich genommen und für immer von seinen Schmerzen befreit und zur ewigen Freude eingeführt hat. Wie die bittere Armut tut, das können Sie nicht ermessen, und welche Leiden die Mütter durchzumachen haben, die schon in frühen Jahren die

111

Kinder zu harter Arbeit anhalten müssen, die ihnen keine Freuden zu bieten, nur Entbehrungen aufzulegen haben, die für sich und die Kinder nichts anderes kennen, nichts anderes vor sich sehen, als schwere Tage und herbe Sorgen, das kennen Sie nicht. Nehmen Sie Ihren Schmerz aus Gottes Hand an und messen Sie nicht. Jedem ist ja das Leiden das größte, das in seinem Herzen brennt; aber unser Vater im Himmel weiß, warum Er jedes auf dem Wege führt, den es zu gehen hat.«

Frau Stanhope war stiller geworden, doch lag der Ausdruck eines trostlosen Schmerzes fortwährend auf ihrem Angesicht. Nach einer Weile des Stillschweigens teilte sie dann der Frau Doktorin mit, daß sie ihr Kind mit fortzunehmen gedenke, damit es in ihrer Nähe und in der Nähe seines vorangegangenen Bruders ruhe. Diese traurige Reise allein zu machen, dazu könne sie sich nicht entschließen, sie habe die treue Wärterin ihres Kindes, Klarissa, herberufen, daß sie alles Äußere für sie besorge und ihr zur Seite bleibe.

Diese Nachricht war für die besorgte Frau Doktorin eine große Beruhigung; nun wußte sie, daß, was von außen her der armen Mutter an Trost und Hilfe konnte geboten werden, ihr bald und am wohltuendsten durch diese treue alte Freundin zuteil werden würde. Diese allein hatte ja die entschlafene Nora gekannt und auch geliebt wie eine zweite Mutter. So kehrte die Frau Doktorin mit ein wenig erleichtertem Herzen zurück, denn da war nun doch die Aussicht auf eine wohltuende Umgebung für die vereinsamte Frau. Das mußte sie gleich der Tante mitteilen, denn auch diese hatte ja eine so herzliche Teilnahme für die verarmte Mutter. Aber die Tante war nirgends zu finden. Emmi, die ganz gegen ihre Gewohnheit still in einer Ecke saß, berichtete, der Fred habe lange die Tante gesucht, er habe sie gewiß zu einer Käferschau nötig gehabt und fortgeholt. Die Mutter dachte auch, es werde so sein, und setzte sich zu Emmi hin, die gern noch von der Nora wollte erzählen hören. Es war ihr ein Bedürfnis, von der Mutter zu hören, daß die Nora froh und zufrieden gewesen war ohne sie und daß ihr ihre Gesellschaft nicht gemangelt hatte, denn sie fühlte jetzt wohl, daß sie nur an sich selbst gedacht hatte bei dem Besuch und gar nicht daran, was sie für die einsame, kranke Nora tun könnte.

Fred war wirklich längere Zeit der Tante nachgelaufen und hatte sie endlich festnehmen können und nun weit hinunter nach dem entferntesten Gartenhaus mit sich gezogen, denn er wollte ganz allein mit ihr reden. Hier setzte er sich neben sie auf die Bank und sagte ernsthaft: »Siehst du, Tante, ich muß dir etwas sagen, aber nur dir allein. Heute habe ich die Nora gesehen; sie ist ganz tot und ich kann nicht begreifen, daß sie einmal wieder erwachen und leben kann im Himmel.«

»So? das kannst du nicht begreifen, Fred? Siehst du, ich auch nicht«, sagte die Tante; »aber der liebe Gott hat noch viele Dinge gemacht, die du auch nicht begreifen könntest und ich ebensowenig, und doch sind sie da. Wenn uns nun aber einer, dem wir fest glauben können, verspricht, daß wir wieder leben werden nach dem Tode dieses Körpers, so wollen wir glauben, bis wir begreifen; und ich glaube zuversichtlich daran, Fred.«

»Aber«, fing dieser in seiner gewohnten Zähigkeit noch einmal an, »ich habe doch immer gedacht, das Lebendigsein ist in dem Menschen wie in den Tieren, und wenn ein Tierchen keine Bewegung mehr macht, so ist es ganz tot und fängt nie mehr zu leben an; das habe ich beobachtet.«

Hier wurde das Gespräch zwischen Fred und der Tante unterbrochen, da der heimkehrende Vater an dem Gartenhäuschen vorbeikam und die Tante aufforderte, mit ihm durch das Äckerchen zu wandern, um die prachtvollen Kohlköpfe zu bewundern, die sich da entfaltet hatten. Fred ging still seiner Wege, denn Kohlköpfe konnte er nicht bewundern, die ließen ihn im Gegenteil viel schwere Augenblicke voraussehen, da er den grünen Stoff auf seinem Teller erblicken würde.

Neuntes Kapitel

Eine letzte und eine erste Reise.

—————

Eben war ein großer Reisewagen am Hause des Arztes vorübergefahren, worin ganz allein eine schwarze Frau saß. Das mußte die Klarissa sein, die gekommen war, Nora heimzuholen. Die Doktorskinder standen alle vier im Garten und schauten still dem Wagen nach, denn sie empfanden, wie traurig diese Reise sein mußte. Die Tante stand oben am Fenster und schaute mit ihnen dem Wagen nach. Als er unten um die Ecke verschwunden war, winkte sie dem Fred, heraufzukommen; sie stand in seinem Zimmer. Er kam augenblicklich heraufgerannt.

»Sieh, Fred, ich räume dir ein wenig auf, du hast hier eine ziemliche Unordnung, und Dinge, die keinen Wert haben, wollen wir nicht aufbewahren. In dieser Schachtel ist ein totes Tierchen, das werfe ich nun fürs erste fort.« Die Tante ging ans Fenster mit der Schachtel.

»Um's Himmels willen, Tante, was willst du machen?« schrie Fred auf und stürzte sich auf die Schachtel; »das ist meine schönste Raupe, das gibt ja den prachtvollen Totenkopf nachher, das ist der allerschönste Schmetterling mit der wundervollsten Zeichnung auf den Flügeln.«

»Ach was noch gar«, sagte die Tante, »dies Tier hier ist ganz tot und bewegt sich gar nicht mehr, da ist ja alles fertig.«

»Aber Tante, weißt du denn gar nichts von der Geschichte der Raupe? Das ist ja schrecklich!« rief Fred in großer Aufregung aus, die Schachtel so fest als möglich in seiner Hand haltend. »Siehst du, hier liegt sie jetzt eingepuppt und ist ganz wie tot; und diese Hülle, die du siehst, ist auch tot, die wird nachher zurückgelassen. Aber siehst du, darunter, zu allerinnerst, ohne daß du es sehen kannst, ist doch etwas lebendig geblieben, denn auf einmal, wenn es Zeit ist, verläßt es diese Schale, denn die gehört nun nicht mehr zu ihm, und auf fliegt es mit schönen Flügeln und ist ein ganz neues, prächtiges Geschöpf.«

»Das kann ich aber nun wirklich nicht begreifen, Fred«, sagte die Tante, »wie es zugeht, daß ein Wurm, der immer an der Erde gekrochen hat, erst ganz tot daliegt und dann auf einmal schöne Flügel hat und davonfliegt als ein neues Geschöpf und den alten Leib, mit dem er an der Erde kriechen mußte, zurückläßt. Kannst du das begreifen, Fred?«

»Nein, ich begreife es schon nicht«, entgegnete Fred; »aber es ist ja gewiß so, Tante, ganz gewiß, wenn man schon nicht begreift, wie das so sein kann.«

»Fred«, sagte die Tante ernsthaft, »wenn nun das Innerste, das in der Nora lebendig war, gerade so die tote Hülle verlassen hätte und aufgestiegen wäre zu fernen, schönen Höhen, um dort als ein neues, herrliches Wesen fortzuleben?«

Fred wurde ganz nachdenklich. »Daran habe ich gar nicht gedacht«, sagte er dann, »jetzt muß ich ganz anders an die Nora denken. Die wird aber froh gewesen sein, so frei aufzufliegen, da sie doch so krank gewesen war in der ersten Haut! Aber gelt, Tante, du bist auch froh, daß du nun die Geschichte der Raupe so klar weißt, die ist doch sehr merkwürdig.«

»Gewiß ist sie, Fred. Man kann auch so gut daraus sehen, daß es Dinge gibt, die wir nicht begreifen und erklären können und die doch geschehen, die auch kein einziger Gelehrter noch ergründet hat. Darum, wenn du dann einmal ein Gelehrter wirst, Fred – und das kannst du schon werden in deinem Fach, wenn du so eifrig fortfährst –, und du auf die unbegreiflichen Dinge stößest, dann sage dir nur jedesmal demütig: ›Da ist etwas, das ich nicht erklären kann, da kommt der liebe Gott!‹ Und dann bewundere seine Größe, die weit über dich hinausgeht.«

Fred packte ganz andächtig seine eingepuppte Raupe wieder zusammen und schaute sie noch einmal lang und genau an, denn er mußte jetzt erst recht über die Verwandlung nachdenken, die sich in dem Tierchen vollzog, während es ganz tot dalag. –

Klarissa war bei Frau Stanhope angekommen, aber ihr Erscheinen brachte der Trauernden keinen Trost; es war, als ob nur alle Erinnerungen in ihr mit erneutem Schmerz aufstiegen. Klarissa wollte so gern etwas von den letzten Tagen der Nora hören und wie sie entschlafen war; aber es war der Mutter nicht möglich, darüber zu sprechen, und Klarissa schwieg still, denn jede Frage brachte einen neuen Ausbruch des Schmerzes hervor. Sie setzte sich dann hin und schaute in das friedliche Angesicht der Nora, das für sie eine Sprache hatte, die ihr wohltat. Als sie aber am folgenden Tag hörte, daß das Kind Elsli allein bei der Nora gewesen sei, als sie entschlief, da wünschte sie sehr, das Kind zu sehen, und schickte nach ihm aus, daß es zu ihr komme. Als nun das Elsli zum ersten Male wieder in die Stube eintrat, wo es so viele glückliche Stunden mit der Nora verlebt hatte, und dort ihren leeren Sessel am Fenster stehen sah, mußte es sehr weinen. Klarissa nahm das Kind mit großer Freundlichkeit bei der Hand und setzte es neben sich hin. Dann fing sie an, von der Nora zu sprechen, und jetzt ging dem Elsli das ganze Herz auf, denn seit es von der entschlafenen Nora weggegangen war, hatte es noch kein

117

Wort von ihr sprechen können, und doch erfüllte sie ja alle seine Gedanken. Dem Elsli verging völlig seine große Schüchternheit und es erzählte in einem Flusse fort von allen Worten der Nora, wie sie ihm von dem schönen Lande erzählt hatte, wo sie zusammen hingehen wollten, und welch schönes Lied sie immer zusammen gesagt hatten, und das Elsli sagte im vollen Zug der Erinnerungen das ganze Lied vom kristallenen Strom und den leuchtenden Blumen. Und zuletzt erzählte es, wie auf einmal ganz still die Nora allein fortgegangen sei, daß es aber auch bald gehen werde, da die Nora gewiß den lieben Gott bitte, daß Er ihm rufe. Klarissa hatte mit Rührung und Verwunderung dem Elsli zugehört. Das war ja ihr Lied, das die Nora als kleines Kindlein, auf ihren Knieen sitzend, schon erlernt hatte. Das waren ihre eigenen Worte, mit denen sie der Nora von dem Lande drüben erzählt hatte, – und, wie wunderbar! das Elsli hatte ja völlig den Ton der Stimme der Nora, es hatte die Bewegungen ihrer Hand; jedes Wort brachte der Klarissa die entschwundene Nora ganz lebendig vor Augen. Sie umfaßte das Elsli und weinte vor Leid und Freude zugleich. Dann lief sie zu Frau Stanhope hinein und rief in großer Aufregung einmal ums andere aus: »O, das ist ja unser Kind, liebe Frau Stanhope! Es ist ja die Stimme und die Worte unseres Kindes, unserer Nora! Es ist ihre Schwester, unser Kind!«

Erst hatte Frau Stanhope sich plötzlich erhoben und aufgehorcht; als sie aber verstand, was Klarissa meinte, schüttelte sie nur traurig den Kopf und legte ihn wieder auf das Lager der Nora nieder.

Aber die Klarissa war so erfüllt von ihrem Eindruck, daß
die Teilnahmlosigkeit der Frau Stanhope sie nicht
entmutigte. Sie ging hinaus und führte das Elsli herein, dem
nun gleich wieder die Tränen die Wangen herabrollten, wie
es die Nora so still daliegen sah. Klarissa führte es nahe zu
dem weißen Lager heran und legte Elslis Hand in die der
Nora. Dann sagte sie bittend zu der Mutter, die immer noch,

ihr Gesicht auf den Rand des Lagers gebeugt, an dem Bette kniete: »Schauen Sie auf, Frau Stanhope, unser Kind hat Ihnen noch etwas zu sagen.« Die Mutter erhob sich. Ihr Kind hielt ihr mit ausgestrecktem Arm das Elsli entgegen. Einen Augenblick schaute sie starr auf die Kinder. Dann faßte sie die beiden ineinandergelegten Hände in die ihrigen und sagte schluchzend: »Ja, Nora, ich weiß es, du hast das Kind lieb gehabt, ich will es nicht mehr von mir lassen.« Und die gute Klarissa weinte mit, aber es waren helle Freudentränen, die sie weinte, und einmal die Nora und einmal das Elsli streichelnd, wiederholte sie zärtlich: »Ja ja, wir müssen wieder ein Kindlein haben, für das wir sorgen und es lieb haben können.«

Wie im Traum ging das Elsli nach Hause. Es hatte verstanden und wieder nicht verstanden, was mit ihm werden sollte. Es hatte fest geglaubt, die Nora helfe dazu, daß es bald in den Himmel gerufen werde, dann komme sie ihm entgegen. Jetzt war es so, als wäre sie schon gekommen, aber um es anderswohin zu führen.

Nora war mitten unter Blumen in ihr letztes Bettlein hineingelegt worden, in dem sie die Reise nach Hause machen sollte. Das hatte alles die treue Klarissa besorgt. Nun machte sie sich auf den Weg, um Elslis Mutter aufzusuchen, mit der sie eine eingehende Besprechung vorhatte. Diese dauerte indessen nicht so sehr lange und bot nicht so viele Schwierigkeiten, wie Klarissa befürchtet hatte, denn sie fand bei der Marget ein sehr geneigtes Ohr für ihre Vorschläge, besonders als diese vernahm, daß Frau Stanhope nicht nur im Sinn habe, das Elsli ganz und gar zu sich zu nehmen und für immer für das Kind zu sorgen, sondern daß sie auch der Eltern eingedenk sein wolle, indem sie ihnen die Hilfe, die das Kind ihnen hätte leisten können, auf andere Weise ersetzen wollte. Die Marget hatte eine unverhehlte Freude an diesem unerwarteten Glück für das

Elsli und an dem Gewinn, den es ihr selbst bot. Sie meinte, das Elsli habe zum strengen Arbeiten doch keine Kraft und Gesundheit, und seit dem langen Umgang mit der Nora sei es auch sonst so mit allen Gedanken und der ganzen Art aus seinem Geleise geraten, daß es gar nicht mehr hineinkomme. Das merke man am besten am Tun der kleinen Buben und besonders des kleinsten, der jetzt den ganzen Tag überlaut schreie, daß man fast das Gehör verliere, und früher habe es ihn doch noch zum Schweigen gebracht: da nehme man ebensogut wieder die Wiege zur Hand. So schieden die Marget und die Klarissa in großem Frieden und Übereinstimmung, und die letztere versprach, daß womöglich jedes Jahr einmal das Elsli nach seiner Heimat zurückgeführt werden solle.

In der kürzesten Zeit war im ganzen Dorfe die Nachricht verbreitet, daß das Elsli von der reichen Frau Stanhope angenommen worden sei und mit ihr schon morgen nach ihrem schönen Gut am Rhein verreise. Die Nachricht brachte einen ungeheuren Eindruck hervor. Wo zwei einander antrafen auf dem Wege, standen sie still, um das Glück zu besprechen, das so unerwartet dem Elsli zuteil wurde. Die Kinder in der Schule konnten vor Aufregung gar nicht mehr still sitzen, es war, als erwarteten sie alle durch diesen Glücksfall irgend etwas Unerhörtes. Sogar Herr Bickel wurde durch das Ereignis zu einem ungewöhnlichen Schritt veranlaßt. Er nahm seinen Stock zur Hand und sagte: »Frau, es schickt sich, daß wir jetzt der Frau Stanhope einen Besuch machen und ihr zeigen, daß das Kind denn doch auch noch rechte Verwandte hat. Vielleicht braucht sie auch einen Rat, das Kind betreffend; da bin ich ihr Mann. Es kann auch sein, Frau, daß wir einen Besuch bei den Verwandten machen, wenn sie dann daheim sind – denn es gibt dort in ihrer Gegend große Spinnereien –, und vielleicht hat die Frau Stanhope

Beziehungen mit solchen Häusern, da wäre denn etwas für das Geschäft zu machen.« Aber Herr Bickel mußte noch einmal seinen Stock hinstellen, denn so schnell war seine Frau nicht in dem Zustande der Vervollkommnung angelangt, in dem allein sie einen solchen Besuch unternahm.

Die größte Aufregung und Freude über das Ereignis herrschte aber im Hause des Arztes. Mutter und Tante waren voller Lob und Dank, daß das zarte Kind in so freundliche Hände kommen und es ihm auf einmal so gut gehen sollte. Es lag ja nun ein ganz neues Leben vor ihm; was konnte nun auch aus dem bildsamen Kinde gemacht werden! Sie mußten immer wieder davon sprechen. Die Kinder hatten gar keinen anderen Gedanken mehr.

Oskar ging den ganzen Tag in tiefem Sinnen umher; er suchte den Punkt auf, von wo aus er das neue Ereignis für seine Pläne verwerten könnte. Es lag dem Oskar fortwährend schwer auf dem Gemüt, daß die schöne brodierte Fahne unbenutzt liegen bleiben und nicht irgendein Fest in Aussicht stehen sollte, welches die Anwendung der herrlichen Fahne durchaus erheischte.

In einem ähnlichen Zustand des Sinnens und Trachtens lief die Emmi den Tag durch hin und her, und der schlaue Fred sagte ein paarmal, wenn sie in seine Nähe kam: »Die hat etwas im Sinn.« Er selbst saß an dem Tag längere Zeit in eine Arbeit vertieft am Tisch. Es war eine lange, lange Liste von den Namen aller derjenigen Raupen, Käfer und Schnecken, die er als Bewohner der Rheinlande und deren Umgebungen kannte. Um der größeren Klarheit willen setzte er immer auch den lateinischen Namen des Tieres neben den deutschen hin.

Am Abend dieses Tages saß das Elsli auf der langen Bank in der Stube; man konnte es aber nicht sehen, denn mitten

122

auf ihm saß der feste Hanseli, und zu beiden Seiten saßen der Heirli und der Rudi, jeder auch noch so weit auf dem Elsli, als er Platz fand. Es ließ ganz geduldig sich fast erdrücken; es war ja der letzte Abend, für lange Zeit das letzte Mal, daß die drei auf ihm sitzen würden.

Das Elsli wußte jetzt wohl, was mit ihm geschehen sollte, und es freute sich darüber. Die gute Klarissa hatte in der kurzen Zeit das Herz des Kindes so ganz gewonnen, daß es sich zu ihr wie zu einer Mutter halten konnte, und mit ihr konnte es so voller Zutrauen reden, wie es nur mit der Nora, sonst noch mit niemand hatte reden können. So wollte es gern mit ihr fortziehen und bei ihr bleiben, und wenn auch Frau Stanhope ihm immer noch ziemliche Scheu einflößte, so war sie ja die Mutter der Nora und das Elsli war schon deswegen ihr sehr anhänglich; auch war sie ja immer gut zu ihm gewesen, nur nicht so vertraulich, wie Klarissa es war. Was aber sein künftiges Leben sein werde, davon konnte das Elsli sich keine Vorstellung machen, und leise kam ihm schon ein ängstlicher Gedanke: wie es dann auch sein werde, wenn es so weit weg sei, und ob es auch alles recht tun könne, was es dann zu tun habe. Aber es hatte den festen Glauben, daß die Nora es dorthin führe, und das gab ihm Hoffnung und Freude ins Herz. Aber auf das Weggehen hatte es doch ein wenig Kummer und solchen noch besonders im Gedanken an den Fani, von dem es nun so weit wegkam und den es vielleicht jahrelang nicht mehr sehen sollte. Wie das Elsli so in seinen Gedanken dasaß und nicht einmal merkte, daß der Hanseli schon längere Zeit ungeduldig mit Händen und Füßen um sich schlug, kam auf einmal die Emmi in die Stube hereingerannt.

»Elsli«, rief sie schon unter der Tür, »morgen gehst du, ich muß dir noch etwas Wichtiges sagen. Stell doch den Hanseli auf den Boden und komm schnell mit mir!«

»Er schreit«, wandte das Elsli ein. Schon hatte er auch begonnen. Aber der Emmi flößte das keinen Schrecken ein. Sie stellte den Hanseli fest auf den Boden und zog das Elsli fort, hinaus, ums Haus herum und hinter den großen Apfelbaum.

»Hier«, sagte nun Emmi, »das mußt du mitnehmen, Elsli«, und sie streckte ihm eine dicke Rolle entgegen, »und jetzt will ich dir etwas erklären. Siehst du, auf eurer Reise kommt ihr auch nach Basel, das habe ich gehört –«.

»Glaubst du?« unterbrach sie das Elsli mit leuchtenden Augen.

»Ja, ja, es ist sicher«, fuhr Emmi fort, »und nun, weißt du, zu der Frau Stanhope mußt du nichts sagen, sie ist jetzt so traurig, daß sie nicht zuhört; aber der Frau Klarissa, die so gut ist, mußt du erzählen, daß der Fani dort in Basel ist und daß du ihm gern wolltest Lebewohl sagen. Dann geht sie gewiß geschwind mit dir zu ihm, und dann gibst du ihm dies von mir und sagst, ich lasse ihn grüßen, und hier hast du auch seine Adresse.«

»O, ich bin so froh, daß du mir das gesagt hast, Emmi«, sagte das Elsli, und eine große Freude glänzte in seinen Augen. »Glaubst du auch, daß ich es sagen darf?«

»Gewiß mußt du es tun, ganz sicher, denk, wie wird es den Fani freuen! Versprich, daß du es sicher tun willst –«.

Das Elsli konnte nichts mehr versprechen, eben kam der Oskar herangelaufen und nahm es gleich bei der Hand: »Ich habe dich allenthalben gesucht, Elsli«, rief er eilig; »jetzt find' ich dich endlich! Komm mit mir, ich habe dir etwas zu sagen!« Damit zog er das Elsli ohne weiteres fort, von neuem ums Haus herum und hinter die Haselnußhecke; hier blieb er stehen. Die Emmi folgte nicht nach, sie fand es besser, den Oskar nicht noch zu reizen. Da sie soeben alle

Bleistifte im ganzen Hause zusammengerafft und für den Fani fortgenommen hatte samt allem weißen Papier, das ihr und den Brüdern zu ihren verschiedenen Zwecken übergeben und immer zu schnell verschwunden war, sah sie ohnedies einem Zornesausbruch von seiten der Brüder entgegen.

»Jetzt hör, Elsli, was ich dir erkläre«, sagte Oskar eindringlich; »es ist für dich selbst sehr wichtig. Siehst du, jetzt kommst du ins Ausland und da bist du dann zuerst fremd. Aber es hat dann schon auch noch Schweizer an dem Ort, und da könnt ihr dann einen Verein gründen, einen Vaterlandsverein; da kommt ihr dann jede Woche einmal zusammen und sprecht so von allem im Vaterland –«.

»Ja, aber ich weiß dann gewiß nichts zu sagen«, warf das Elsli etwas ängstlich dazwischen.

»Das ist gleich, die anderen reden dann schon«, fuhr Oskar eifrig fort; »aber jetzt hör die Hauptsache. Im nächsten Sommer, wenn du dann heimkommen darfst, da mußt du mit allen den Mitgliedern, die dann auch kommen, einen Ort verabreden, wo ihr dann zusammenkommen wollt, da wird dann das Stiftungsfest gefeiert. Dann kommt man scharenweis von allen Seiten, und ich komme mit einer prachtvollen Fahne, und es gibt ein ungeheures Fest mit einem Umzug. Schreib mir dann, sobald der Verein gegründet ist.«

»Ja, ich will schon«, sagte das Elsli ein wenig zaghaft, denn es sah noch nicht recht klar vor sich, wer den Verein gründen würde. Es konnte aber keine weiteren Fragen tun, denn eben kam der Fred dahergestürmt mit einem langen Papierbogen in der Hand; hinter ihm her keuchte das Rikli. Oskar ging seiner Wege.

»Elsli, komm, lies«, rief jetzt der Fred; »sieh, alle diese

schönen Raupen und die seltenen Käfer und diese Schneckenart, die wirst du alle dort unten finden, am Rhein und in der Umgegend. Du mußt nur auf den Spaziergängen immer in die Hecken hineinkriechen und überall ein wenig den Boden aufscharren, dann kommen die Kerle schon heraus, und dann schickst du mir alle Exemplare, die du fangen kannst, nicht wahr? Ich schicke dir dann auch etwas Schönes zurück. Du kannst nur alles durcheinander in die Tasche stecken, bis du vom Spaziergang daheim bist, und dann so die Hand obendrauf halten, daß sie nicht unterdessen herauskrabbeln, siehst du, so, wie ich es immer mache«, und Fred breitete die Hand beispielsweise weit aus über seine Tasche, so als wollte es überall darunter hervorkrabbeln.

Das Rikli schauderte über und über.

Elsli wollte so gern dem Fred den Gefallen tun, aber der Auftrag war ihm nicht viel klarer, als der von Oskar, und es sagte demütig: »Ich wollte es gewiß gern tun, Fred; aber wie muß ich es denn machen, daß ich die Käfer und die Raupen kenne, die so heißen?«

Das war ein völlig klarer Einwurf. Fred erkannte die Wahrheit dieses Hindernisses; aber er war nicht der Mensch, so bald vor Hindernissen zurückzuweichen. Er schaute seinen Bogen an. Wenn er zu jedem Namen das Tier hinzeichnen, dann malen würde? Richtig!

»Morgen früh, eh' du abreisest, komm' ich noch einmal«, rief er und stürzte fort.

Das Rikli, das so teuer seine Lehre bezahlt hatte, schrie wirklich nie mehr unsinnig auf, wenn der Fred sich mit einem Tierchen nahte; aber es bewachte sorgfältig alle Bewegungen des Bruders, daß nicht einmal unversehens aus dessen Faust oder Tasche ein grünäugiger Frosch ihm entgegenspringe. Aber ohne den Fred konnte das Rikli doch nicht sein, es lief ihm überall nach. Nun er sich entfernt hatte, trat es schnell zum Elsli heran und sagte eindringlich: »Aber nicht lebendig, die vielen schrecklichen Käfer und Schnecken; nur ausgestopft mußt du sie schicken, weißt du, Elsli.«

In diesem Augenblick kam der Feklitus herangeschritten im Sonntagsstaat. Zu gleicher Zeit erscholl die Stimme der Mutter aus der Stube heraus, wo der Hanseli ohne Unterlaß in seinem Geschrei verharrte: »Es nimmt mich nur wunder, Elsli, ob du heut' auch noch einmal ins Haus hereinzubringen bist!«

Das Rikli lief davon. Der Feklitus aber hatte schon das Elsli beim Arm gepackt und hielt es fest: »Ich muß einen Besuch machen auf dem Eichenrain bei der fremden Frau und sagen, daß ich dein Vetter bin und daß wir dann einmal dich besuchen wollen dort unten am Rhein«, knurrte er, »aber ich geh' nicht allein, das geniert mich, du mußt mit.«

»Laß mich los, du hörst es ja, ich muß ins Haus hinein, ich kann nicht mit dir«, sagte das Elsli und suchte sich loszumachen.

»Du mußt«, rief der Feklitus, faßte noch fester an und zog das Elsli mit Gewalt davon, denn etwas so Ungewöhnliches unternahm der Feklitus nicht allein.

Oskar, Emmi, Fred und Rikli erhielten alle den gleichen Empfang, wie sie so eins nach dem anderen heimgelaufen kamen. Auf den Stufen vor dem Haus stand die Kathri und rief einem nach dem anderen mit abwehrender Gebärde zu: »Bsch! bsch! Mach keinen solchen Lärm! Die Frau Stanghopf ist drinnen und nimmt Abschied.«

Elsli war von den Aufträgen und Eindrücken dieses Abends und den Gedanken an den folgenden Morgen so erfüllt, daß seine Augen keinen Schlaf fanden in dieser letzten Nacht im Elternhause, und wie im Traum fuhr in der Frühe des folgenden Morgens das Kind, mit den beiden Frauen in dem großen Wagen sitzend, durch die noch ganz stille Landschaft der Hauptstraße zu. Auf einmal flog ein groß gefaltetes Papier, mit einem Steinchen beschwert, um nicht danebenzufallen, in die Kutsche hinein.

»Leb wohl, Elsli, ich wollte, ich könnte mit«, tönte es dazu von der Seite her. Es war Fred, der mit seinem Werk nicht eher fertig geworden war und in aller Frühe noch die letzten Schnecken gemalt hatte und nun seinen Bogen nur noch in dieser Weise dem Elsli übergeben konnte.

Dieser letzte Gruß brachte dem Elsli die Tränen in die Augen. Jetzt fühlte es auf einmal klar, daß es von der Heimat fort und weit, weit weg zog. Die gute Klarissa hatte alles bemerkt; sie faßte das Elsli freundlich bei der Hand und hielt es fest, so daß es fühlen konnte, es zog mit einer Mutter fort. –

Die nächsten zehn Tage lang waren alle Reden und Gedanken der vier Geschwister mit den Ereignissen der vergangenen Woche beschäftigt, von der Ankunft der kranken Nora an bis zu der Reise des Elsli, und wenn alle die damit zusammenhängenden Tatsachen von allen Seiten beleuchtet und gründlich durchgesprochen waren, dann fing man wieder von vorn an. Am zehnten Tag kam ein großer Brief vom Elsli an, der brachte eine neue Bewegung in die Gesellschaft. Mutter und Tante sahen mit Verlangen den Nachrichten entgegen. Die Kinder steckten alle vier ihre Köpfe über dem Brief zusammen; jedes begehrte zuerst zu wissen, was darin stand. Er war an Emmi adressiert. Sie zog sich aus dem Knäuel zurück, machte den Brief auf und rief: »Ich will ihn vorlesen! Acht Seiten ist er lang!« Dann begann sie zu lesen:

»Lindenhalde am Rhein, 28. Sept. 18—.
»Liebe Freundin!

»Ich danke Dir viel tausendmal, daß Du mir den guten
Rat gegeben hast, denn wenn Du es mir nicht so gesagt
hättest, so hätte ich nie ein Wort vom Fani sagen dürfen.

»Jetzt will ich vorn anfangen, Dir alles zu erzählen: Als
der Fred mir noch Lebewohl gesagt hatte und ich dann von
allen wegfuhr, mußte ich ein wenig weinen. Aber die Tante
Klarissa – denn jetzt soll ich immer ›Tante Klarissa‹ sagen –
war sehr gut mit mir und sprach freundlich zu mir und
sagte, ich soll ihr nur immer alles sagen, was mich traurig
mache, wir wollen es dann miteinander tragen. Die Frau
Stanhope hatte die Augen zugemacht und lag ganz still in
der Ecke, und ich dachte, sie sei ein wenig entschlafen, und
dann dachte ich, ich wollte am liebsten gleich alles sagen mit
dem Fani, wie Du es mir gesagt hattest, und dann tat ich es.
Die Tante Klarissa wußte gar nichts von dem Fani und auch
nicht, daß er lebte. Da erzählte ich ihr alles, wie es mit ihm
gegangen war und wie lang ich ihn nicht mehr gesehen
hatte. Dann sagte sie gleich, gewiß müsse ich meinen Bruder
noch sehen, wir haben schon Zeit in Basel, da wir heute
nicht weiterreisen. Und sie sagte, sie wolle dann schon mit
mir gehen, den Fani aufzusuchen, Frau Stanhope werde uns
das gern erlauben. Als wir in Basel ankamen, fuhren wir in
ein so großes Wirtshaus, wie ich noch keins gesehen hatte.
Ich konnte fast nichts essen vor Freude, daß ich nun gleich
zum Fani gehen durfte. Jetzt war es drei Uhr. Gleich nach
dem Essen sagte die Tante Klarissa zu Frau Stanhope, wenn
es ihr recht sei, so gehen wir nun miteinander, meinen
Bruder zu besuchen. Sie sagte, sie bleibe nicht allein da, sie
komme mit uns. Wir gingen über eine lange Brücke über
den Rhein und dann noch ziemlich weit. Zuletzt kamen wir
zu kleinen Häusern, da fragten wir nach dem Maler Schulz.
Da standen wir gerade vor seinem Haus. Frau Stanhope

ging voran und machte die Tür auf und trat in die Werkstatt ein und wir kamen hinter ihr her. Da tat der Fani einen lauten Freudenschrei und kam auf die Frau Stanhope zugesprungen und umklammerte sie und hatte vor Freude die Augen ganz voll Tränen, denn er hatte furchtbar das Heimweh gehabt, und jetzt sah er jemand, der aus der Heimat kam. Dann sah er erst, daß ich auch dabei war, da war er noch froher. Aber er lief vor Freude wieder zur Frau Stanhope zurück und genierte sich gar nicht vor ihr; aber Du weißt es schon, der Fani hat sich ja nie geniert, er konnte immer alles sagen. Und er umfaßte immer wieder die Frau Stanhope und rief: ›O, gottlob, daß ich jemand sehe von daheim!‹ Du kannst Dir nicht vorstellen, wie freundlich die Frau Stanhope zu ihm war. Zuletzt sagte sie, er solle seinen Meister rufen, sie wolle mit ihm reden. Dann kam der Meister und sie ging mit ihm hinaus. Als sie wieder hereinkam, sagte sie zu Fani: ›Wolltest du gern mit uns kommen und mit deiner Schwester bei uns leben?‹ Jetzt kann ich Dir nicht sagen, wie es mir wurde. Zuerst konnte ich gar nicht mehr atmen vor Freude, und dann auf einmal meinte ich, es sei gewiß nicht möglich, was ich verstanden hatte. Aber der Fani schrie auf vor Freude und nahm die Frau Stanhope bei der Hand und bat so mit den Augen und versprach, daß er arbeiten wolle, soviel er nur könne, daß sie mit ihm zufrieden sei, wenn er nur mitkommen dürfe. Da sagte Frau Stanhope: ›Du kommst mit uns‹ und erklärte ihm, wann er am anderen Morgen auf der Eisenbahn sein mußte. O was für eine Nachricht für den Fani und für mich! Wir gingen ins Wirtshaus zurück. Auf dem Wege sagte Frau Stanhope zu der Tante Klarissa: ›Du hast doch die Ähnlichkeit bemerkt? Kann er nicht aus den großen braunen Augen einen anschauen, wie mein Philo tat?‹ Die Tante Klarissa war so froh über diese Ähnlichkeit und sagte, jetzt wisse sie erst, warum der Fani ihr gleich so lieb vorgekommen sei. Denn, weißt Du, Philo war der Bruder

der Nora. Am Abend sagte Frau Stanhope noch zwei- oder dreimal von der Ähnlichkeit, und es war zum ersten Male, daß sie ein wenig mit uns redete. Am anderen Morgen, als ich erwachte, konnte ich es nicht mehr glauben, daß der Fani mit uns komme. Ich dachte: ein so großes Glück kann ja nicht sein, ich habe es gewiß geträumt. Aber beim Kaffeetrinken sagte Frau Stanhope gleich wieder von der Ähnlichkeit, die ihr aufgefallen sei, sobald der Fani sie angeblickt habe, und sie sagte, sie freue sich, den Jungen mitzunehmen. Mußt Du Dich nicht sehr verwundern, daß Frau Stanhope das von dem Fani sagte? Als wir auf der Eisenbahn anlangten, kam uns der Fani gleich entgegengelaufen. Er hatte drei Stunden auf uns gewartet. Er sagte, er sei schon um sechs Uhr dahin gegangen, wenn ihm schon Frau Stanhope gesagt hatte, wir kommen um neun Uhr, denn er habe es nicht erwarten können. Da hat die Frau Stanhope zum ersten Male ein wenig gelacht. Wir fuhren den ganzen Tag in der Eisenbahn, und der Fani kam gar nicht aus der Freude heraus. Und wenn man an den Stationen stille hielt und etwas sollte geholt werden und die Tante Klarissa schnell gehen wollte, dann hielt sie die Frau Stanhope zurück und sagte: ›Nein, nein! Nun haben wir einen Begleiter, der soll alles verrichten.‹ Dann erklärte sie dem Fani, wie er es machen müsse, und Du hättest nur sehen sollen, wie der umherschoß und alles besorgte. Und er schaute dann immer die Frau Stanhope an, ob er es ihr auch recht mache, und sie war zufrieden mit ihm, man konnte es schon sehen. Es war schon Nacht, wie wir wieder ausstiegen, und Frau Stanhope sagte, jetzt seien wir in Mainz, wieder am Rhein, und morgen würden wir erst recht den Fluß sehen. O, wo kamen wir hin am folgenden Morgen! Auf ein so prachtvolles Dampfschiff, wie man sich gar nicht vorstellen kann, wenn man es nicht gesehen hat. Der Fani war den ganzen Tag wie ein Unsinniger vor Freude, daß er so etwas Schönes sehe, und die Frau

Stanhope erlaubte ihm, daß er auf dem ganzen Schiff umherlaufen und alles, alles ansehen dürfe. Dann habe ich ihn manchmal eine ganze Stunde lang nicht mehr gesehen. Zuletzt kam er und holte sein Geschenk von Dir und nahm Papier und Bleistift heraus und sagte, er wolle alles abzeichnen, daß er sich immer wieder erinnern könne, was er alles gesehen habe und wie das ganze Schiff eingerichtet sei. Und er läßt Dir viel-, vielmal danken für Dein schönes Geschenk; das habe ich noch vergessen im Anfang des Briefes. Am Abend, als wir aus dem Schiff stiegen, stand eine große Kutsche da und noch ein Wagen, denn Du weißt, die Nora fuhr ja immer mit uns. Wir fuhren wohl eine halbe Stunde in der Kutsche. Dann kamen wir zu einem Haus, das stand mitten in einem großen Garten mit vielen Bäumen, da war die Frau Stanhope daheim. Und beim Aussteigen sagte der Fani zu mir: ›Meinst du, daß ich hier in dem großen Garten arbeiten müsse, oder etwa im Stall?‹ Aber das konnte ich ja nicht wissen, ich wußte auch nicht einmal, was ich selbst arbeiten sollte. Aber es ist so anders gekommen, als wir gemeint haben, und als Du gewiß auch meinst. Zuerst war die Frau Stanhope so traurig, daß wir sie drei Tage lang nicht sahen. Aber die Tante Klarissa war so gut mit uns, wie noch nie ein Mensch auf der Welt. Sie führte uns in dem großen Garten herum und zeigte uns alles und auch, wo der Philo begraben lag. Da stand ein weißes Kreuzchen mit seinem Namen. Und wir drei aßen zusammen an einem Tische, sonst war niemand da. Dann wurde die Nora begraben neben ihrem Bruder bei den großen Lindenbäumen. Die Tante Klarissa sagte uns, jetzt komme Frau Stanhope noch nicht zu uns, weil sie so traurig sei, daß sie alles wiedersehe in der Heimat, nur die Nora nicht. Aber am vierten Tage kam die Frau Stanhope auch zu uns an den Tisch und war freundlich und sagte, nun wollen wir auch zu arbeiten anfangen. O wie mußten der Fani und ich staunen darüber, was es war, und jeden

Abend freuen wir uns so stark auf den anderen Morgen, denn so geht es nun immerfort. Was meinst Du, was für schwere Arbeit wir zu verrichten haben? Gar keine! Das kannst Du nun fast nicht glauben, aber es ist gewiß wahr. Den ganzen Morgen lang dürfen wir immer in den Unterrichtsstunden sitzen und so viel neue Sachen erlernen! Um neun Uhr kommt ein Lehrer zu uns und bleibt bis um ein Uhr, und zu dem Unterricht sind nur allein der Fani und ich. Natürlich ist der Fani viel geschickter als ich, aber der Herr Lehrer ist so gut mit mir; wenn ich nichts kann, so sagt er nur ganz freundlich: ›Nun wollen wir aber recht tapfer sein, daß wir dem Bruder nachkommen!‹ Nun muß ich nie, nie mehr Angst haben, daß ich die Aufgaben nicht machen kann und daß ich mich dann nachher schämen muß vor allen Kindern in der Schule. Es ist aber immer so schnell ein Uhr, daß wir es nie glauben können, und immer freuen wir uns, daß es morgen wieder angeht. Wenn wir dann zu Mittag gegessen haben, gehen wir alle in den Garten hinaus; dann geht Frau Stanhope immer mit dem Fani und er muß ihr erzählen von den Stunden und was er will, und man kann schon sehen, Frau Stanhope hat ihn sehr gern, natürlich viel lieber als mich, denn Du weißt schon, wie er ist. Er kann alles sagen, was er denkt, und kann so gut seine Freude zeigen und wie furchtbar froh er ist, daß er da sein darf und daß er es so gut hat. Und das alles sagt er immer wieder der Frau Stanhope so vorweg, wie es ihm in den Sinn kommt, und dankt ihr auf einmal vor Freuden tausend-, tausendmal und hält ihre Hand fest; und wenn er dann so ganz voll Glück zu ihr aufsieht, dann streichelt sie ihm das Haar und ist so freundlich mit ihm, wie ich nie Frau Stanhope gesehen habe, als nur zu der Nora. Aber ich kann nie tun wie Fani, und wenn ich schon ganz dasselbe im Herzen habe, so kann ich es nicht sagen, und Frau Stanhope glaubt gewiß gar nicht, daß ich so dankbar sei, und ich kann auch schon ganz gut begreifen, daß sie nie so zu mir ist, wie zum Fani. Aber die Tante Klarissa ist so gut mit mir, und wenn wir aus dem Garten kommen, dann bin ich bei ihr in einer Stube und sie lehrt mich so schöne Arbeiten machen und auch brodieren – wie Du kannst; und sag auch dem Oskar, wenn wir vielleicht keine Mitglieder in den Verein finden, so will ich ihm dafür noch eine Fahne zu dem großen Fest brodieren – Tante Klarissa hat es mir schon erlaubt –; er soll mir dann nur schreiben, was für ein Spruch darauf muß. Unterdessen hat in der anderen Stube der Fani Unterricht im Zeichnen; dazu kommt ein anderer Lehrer und bleibt zwei Stunden lang. Frau Stanhope sitzt dann fast immer dabei, weil es ihr so große Freude macht, daß der Fani so schnell lernt und schon ganz schöne Sachen zeichnet.

»Nachher gehen der Fani und ich noch allein in den Garten und laufen herum in alle Ecken, denn da stehen allenthalben die schönen Bänke und weiße, steinerne Figuren, und das ist so schön, und der Garten ist so groß und geht bis an den Rhein hinunter, und dort stehen die großen, schönen Lindenbäume, und es ist so herrlich und prächtig überall, daß es auf der ganzen Welt nicht schöner sein könnte. Sag auch dem Fred, daß ich gewiß immer auf die Käfer sehe, aber ich kann sie nicht fangen; er soll aber nicht bös werden mit mir, vielleicht fang' ich doch noch einen. Nach dem Abendessen sitzt die Tante Klarissa ans Klavier und dann singen wir das Lied, das die Nora so gern hatte, und noch zwei oder drei andere hat mich nun die Tante Klarissa noch gelehrt. Dann sitzt der Fani meistens in der anderen Stube und zeichnet noch für sich, aber wenn er mit uns singt, tönt es viel schöner, und nur wenn er mitsingt, kommt Frau Stanhope auch und hört zu. Zuletzt machen wir noch unsere Aufgaben. Aber ein Tag ist so geschwind vorbei, wie ich nicht beschreiben kann, und jeden Abend reut es uns so stark, den Fani und mich, daß wir nun ins Bett gehen müssen und nicht noch lang, lang immer fortfahren können. Ich bin auch fast nie mehr müde, o wie ist es auch so schön, hier zu leben und immer der Fani und ich zusammen, und wie haben wir es so gut! Wenn wir zum Essen hereinkommen, dann sagt gewiß die Tante Klarissa jedesmal: ›Gott sei Dank, daß wir wieder mit Kindern zu Tische sitzen können!‹ Und als sie gestern so sagte, da antwortete die Frau Stanhope: ›Gewiß wäre dir am wohlsten, wenn wir das ganze Haus voller Kinder hätten.‹ Und die Tante Klarissa sagte: ›Ich hätte deren nie zu viel.‹ Da sagte Frau Stanhope: ›Ich weiß etwas: im nächsten Jahre müssen wir die Freunde aus der Schweiz zu uns einladen; da sollen alle vier Doktorskinder kommen, und das kleine Rikli kannst du dann in deine besondere Obhut nehmen.‹ Da hat der Fani vor Freude ganz laut aufgejauchzt und ich konnte keinen Ton von mir geben, aber vor Freude konnte ich gar nicht mehr schlucken, und auch die Tante Klarissa freute sich so stark über die Worte, daß sie in die Hände geklatscht hat, und dann hat sie gesagt: ›Elsli soll es schnell schreiben; das müssen wir gleich ganz festmachen, daß es uns nicht entgeht.‹ Und dann sagte sie immer wieder voller Freude: ›Das ist ein herrlicher Gedanke, Frau Stanhope, das ist ein herrlicher Gedanke.‹ Und der Fani und ich sind gestern Abend im ganzen Garten herumgelaufen und haben alles, alles aufgesucht, was wir Euch dann zeigen müssen: die schönen, steinernen Figuren und alle Bänkchen in den Gebüschen, und die großen, hohen Lindenbäume, wo man unter den langen, langen Zweigen verborgen sitzen und auf den Rhein schauen kann. Und ich bin auch so froh wegen der Käfer, der Fred kann sie dann alle selbst fangen. Der Fani wird Dir bald einen großen Brief schreiben und dann auch einen dem Oskar. Er will nur zuerst die Lindenbäume und das Plätzchen darunter fertig zeichnen, zu einem Geschenk für Dich.

»Wir lassen alle in Euerem Hause viel tausendmal grüßen und dann auch den Vater und die Mutter und die kleinen Buben. Der Fani läßt Dich noch besonders grüßen.

Deine treue Freundin
Elsli.«

Als der Brief zu Ende gelesen war, brach ein Jubel aus, der gar kein Ende nehmen wollte. Welche Nachrichten enthielt er auch für die vier Geschwister. Welche Aussichten auf Dinge und Ereignisse, die zu den herrlichsten Zukunftsplänen Stoff boten. Auch Mutter und Tante waren ganz erfüllt von dem, was sie eben vernommen hatten, und voller Dank und Freude darüber, daß ihnen die große Sorge um den Fani für immer abgenommen war, und daß der liebe Gott den zwei Kindern, die ihnen so sehr am Herzen lagen, einen so über alles Erwarten herrlichen Lebensweg aufgetan hatte.

Welches von den vier Kindern des Hauses aber das allerglücklichste ist in der Aussicht auf die bevorstehende Rheinreise, das kann man gar nicht sagen, und so sehr sind sie alle vier davon erfüllt, daß sie fast von nichts anderem mehr reden können. Ein jedes von ihnen ist auch in einer außerordentlichen Weise von den Plänen und Gedanken in Anspruch genommen, welche die Aussicht auf das große Ereignis hervorbringt. Oskar sieht mit Wonne die Scharen der Schweizer im Auslande vor sich, die er dann, von Fani unterstützt, in den neuen Verein hereinziehen wird. Mit nicht geringerer Begeisterung sieht er der zweiten Fahne entgegen, die das Stiftungsfest zu einem außerordentlich glänzenden erheben wird. Er sucht nun rastlos in allen Werken der Literatur nach einem Spruche, der den Zweck und die Größe des Festes in würdigster Weise dartun würde. Sollte ihm da oder dort eins der Kinder, die diese Ereignisse durchlesen, etwa einen Spruch einsenden wollen, so daß er unter vielen den schönsten auswählen könnte, so wäre er sehr erfreut darüber. – Emmi ist in einem ununterbrochenen Freudenfieber. Nun ist ja der Fani wirklich auf dem Wege, nach dem sie so lange für ihn gestrebt hatte: auf dem Wege, ein großer Maler zu werden. Denn da Frau Stanhope eine solche Vorliebe für ihn gefaßt hat, wird er gewiß alles von ihr erbitten können, auch seinen Beruf. Emmi kann aber das Zusammenkommen mit dem Fani fast nicht erwarten, denn jeden Tag kommt ihr ein neuer Vorschlag in den Sinn, den sie ihm durchaus für seinen künftigen Lebensweg machen muß. – Fred hat alle Hände voll zu tun. Er sieht einer so ungeheuren Bereicherung seiner Insekten- und Amphibiensammlungen entgegen, daß er jetzt nur darum besorgt ist, wie er denn alle seine Reichtümer unterbringen werde. Er hat der Tante das feste Versprechen abgenommen, daß jede große und kleine Schachtel des Hauses, die nicht weiter gebraucht wird, in sein Zimmer kommt, wo schon ein beträchtlicher Haufen aufgeschichtet steht. Auch er würde gern, wie Oskar, eine Bitte in die Welt hinausschicken, daß man ihm alle entbehrlichen Schachteln von überallher zusenden möchte; aber die Mutter ist nicht einverstanden damit, denn die freundlichen Beiträge könnten für den vorhandenen Raum zu großartig werden. – Das Rikli aber kann zum ersten Male in seinem Leben sich ohne geheime Schrecken der Freude auf einen großen Genuß hingeben. Da ihm bisher alle Freuden in Gemeinschaft mit seinem Bruder Fred zuteil geworden waren, so hatte in seinem Empfinden hinter jeder derselben etwas Erschreckliches gelauert, das auf einmal hervorkriechen oder einen fürchterlichen Sprung tun konnte. Jetzt weiß das Rikli, daß es unter den Schutz der guten Tante Klarissa kommen wird, und von da aus ohne Gefahr alles mitmachen kann, was in dem herrlichen Haus und Garten am Rhein ausgeführt werden soll.

Der Fani und das Elsli aber werden von Tag zu Tag glücklicher und heimischer in ihrem neuen Leben und haben gar keinen Wunsch mehr, als nur, daß bald die Zeit komme, da ihre guten Freunde anlangen und all das Schöne, das sie umgibt, kennen lernen und es mit ihnen teilen können.

Die gute Klarissa aber sorgt dafür, daß der Fani und das Elsli den lieben Gott nicht vergessen, der sie zu solchen Freunden geführt hat. Sie geht gern mit den Kindern auf die Stätte, wo Philo und Nora begraben liegen, und erinnert sie hier daran, wie schnell und unerwartet das Leben der Menschen aus Leid in Freude sich verwandeln kann, wie sie beide, Fani und Elsli, es erfahren hatten; daß es aber ebenso schnell sich aus Freude in Leid verkehren und mitten in seinen Sonnenschein hinein der Schatten des Todes fallen kann, und daß nur diejenigen sicher und fröhlich bleiben, die auf den lieben Gott vertrauen, der alles in seiner Hand hält und zum Guten führt.

Druck von Friedrich Andreas Perthes, Aktiengesellschaft, Gotha.

Friedrich Andreas Perthes A.-G. Gotha.

Johanna Spyri.

Geschichten für Kinder und auch für solche, welche die Kinder lieb haben.

16 Bände. 8°. Illustriert. Eleg. gebunden a *M* 3.–

☛ Jeder Band ist für sich abgeschlossen. ☚

Heimatlos.
Aus Nah und Fern.
Heidis Lehr- und
  Wanderjahre.
Aus unserem Lande.
Heidi kann
  brauchen, was es
  gelernt hat.
Onkel Titus.
Kurze Geschichten I.

Gritli I.
Gritli II.
Kurze Geschichten
  II.
Artur und Squirrel.
Aus den Schweizer
  Bergen.
Cornelli wird
  erzogen.
Keines zu klein,
  Helfer zu sein.
Schloß Wildenstein.
Einer vom Hause
  Lesa.

Geschichten für junge Mädchen.

Im Rhonetal.
  geb. *M* 2.40
Verschollen, nicht
  vergessen.
  geb. *M* 3.–

Was soll denn aus
  ihr werden?
  geb. *M* 3.–
Was aus ihr
  geworden ist.
  geb. *M* 3.–

140

Märchen und Schwänke für Jung und Alt.

Seinen Kindern erzählt von **Rudolph Vogel**.
Mit Bildern von Johannes Gehrts.

Frau Märe.	Glücks- kindle.	Spinn- weiblein.
4. Aufl. Ill. geb. *M* 4.–	2. Aufl. Ill. geb. *M* 4.–	2. Aufl. Ill. geb. *M* 4.–

Was darüber begeisterte Eltern und Lehrer, Schriftsteller und Künstler geschrieben haben, würde all in ganze Bogen füllen. Ihr aller Urteil ist Lobes voll und mag hier, in wenige Sätze zusammengefaßt, folgen:

»... Nicht altklug wie die Neunmalweisen redet sie, des Dichters »Frau Märe«, nein so einfach und doch so warm und tief, daß sie dem lauschenden Kinde die Welt in Sonnenglanz taucht. Wer seinem Kinde und sich selbst das gleiche gönnt, der lasse die Bücher, die Künstlerhand trefflich geschmückt hat, unter dem Christbaum nicht fehlen.«

Martinus i. d. »Tägl. Rundschau«.

»Ich will!«

Lebensbilder hervorragender Männer unserer Tage. Von
H. Stökl. Mit 16 Porträts.
M 2.40, geb. *M* 3.–

Dieses Buch ist in erster Linie für die heranwachsende **Jugend** bestimmt, der es in lebensvollen Zügen den Entwicklungsgang von sechzehn Männern schildert, die kraft ihres Willens und ihrer Beharrlichkeit sich zu den Höhen der Menschheit emporschwangen. Die sechzehn Männer, deren Lebensbilder das Buch bietet, gehören der Gegenwart und jüngsten Vergangenheit an; sie entwickelten sich unter den gleichen Lebensbedingungen wie wir, und daher ist ihr Beispiel geeignet, lebhaft und eindringlich auf Phantasie und Willen der Jugend zu wirken. Aber nicht nur **jugendlichen Lesern** wird das Buch eine anziehende und wertvolle Gabe sein, sondern auch **Erwachsene** werden sich gerne seiner Lektüre widmen.

Von Überall.

Allerlei Geschichten aus Heimat und Fremde.
Von **H. Stökl**. Illustriert von **M. Voigt**.
Geb. M 3.–

Vierzehn Erzählungen für die heranwachsende Jugend und die weitesten Kreise des Volkes. Der Inhalt ist reizvoll, spannend und mannigfaltig. Das Buch, mit Bildern trefflich geschmückt und schön ausgestattet, ist als Geschenkwerk bestens zu empfehlen.

Nansens Nordpolfahrt.

Dem Volke und der Jugend erzählt nach Fridtjof Nansen
»In Nacht und Eis« von **G. Schmiedgen**. Mit 1 Karte.
Illustriert.
M 2.40, eleg. geb. M 3.–

Unter Zugrundelegung des Originalwerkes eine volkstümliche Darstellung der großen Nordpolexpedition. Der Verfasser bietet unter Ausschließung alles gelehrten und wissenschaftlichen Beiwerkes nur diejenigen Erlebnisse und Erfahrungen der kühnen Nordpolfahrer, die bei weiten Kreisen des Publikums auf Teilnahme und Verständnis rechnen können. Ein rechtes, empfehlenswertes Geschenk für die wissensdurstige Jugend.

– Kataloge gratis und franko. –

www.ingramcontent.com/pod-product-compliance
Lightning Source LLC
Chambersburg PA
CBHW030604270326
41927CB00007B/1046